U0921246

东盟十国文化丛书

沈北海 主编 崔智友 副主编

柬埔寨

金边耀眼的地方

唐正柱 执行主编

刘美凤 著

广西民族出版社

东盟十国文化丛书

柬埔寨

金边耀眼的地方

JINBIAN YAOYAN DE DIFANG

序

沈北海

东盟（ASEAN）是东南亚国家联盟（Association of Southeast Asian Nations）的简称。其成员有印度尼西亚、马来西亚、菲律宾、新加坡、泰国、文莱、越南、老挝、缅甸、柬埔寨等10个国家。随着中国与东盟友好关系的不断提升，国人对东盟各国加深了解的愿望越来越迫切。为迎接中国—东盟建立对话关系十五周年纪念峰会和第三届中国—东盟博览会、第三届中国—东盟贸易与投资峰会，满足人们全面、系统地了解东盟各国历史文化的需求，进一步促进中国和东盟的经贸、文化、旅游的发展，广西民族出版社组织出版了《东盟十国文化丛书》。

文化是民族的灵魂。当今世界，文化在国家和地区的发展中占有越来越重要的地位。2005年12月12日，温家宝总理出席中国与东盟领导人年度会议时提出把交通、能源、文化、旅游和公共卫生确定为双方新的五大重点合作领域。文化正式作为合作专项，丰富了双方合作的内容。建立中国—东盟自由贸易区不仅要求生产要素的流动，也需要文化要素的交流。加强中国与东盟的文化交流与合作，可以建立一个稳定的文化磁场，促进多边物流、人流的畅通。中国与东盟的文化贸易的双向输出或输入，还将为各自的文化产业发展提供更广阔的市场空间。《东盟十国文化丛书》正是鉴于文化在当今世界扮演的重要角色，以及在中国—东盟自由贸易区建设中的重要作用，而把关注的焦点聚集到东盟十国的文化层面上的。这也是我国第一套比较系统地介绍东盟十国文化的丛书。

一百多年来，西风东渐，我们对远离我们的欧美国家的了解日渐增多。相比之下，我们原来比较熟悉的东盟国家于我们而言反而陌生了。展示其文化特色，发掘其独特魅力，成为这套丛书的一大特点。丛书的作者是一批作家，他们不仅对东盟十国文化有深入的认知，而且有生动的表达，再加上精美的图片和装帧，称得上是学术内涵与文学艺术的有效结合，其阅读真正是轻松惬意的文化之旅。打开这套丛书，你会发现一个绚丽多彩的东盟，发现东盟十国文化的源远流长、博大精深，发现东盟十国人民的独特性格和心灵秘密，还有东盟十国历史上与中华民族的友好交往和相互影响。

丛书的出版，对于增进中国和东盟的文化交流与合作，促进中国—东盟自由贸易区的建设，其作用是不言而喻的。

2006年6月6日

Preface

by Shen Beihai

ASEAN is short for The Association of Southeast Asian Nations, which is made up of ten member countries, namely, Indonesia, Malaysia, the Philippines, Singapore, Thailand, Brunei Darussalam, Vietnam, Laos, Myanmar and Cambodia. With the development of the relationship between ASEAN and P.R. China, Chinese people are eager to learn more about the members of the association. In order to celebrate the 15th Anniversary of China-ASEAN Dialogue Relations and to welcome the third China-ASEAN Expo and the China-ASEAN Business and Investment Summit, the Guangxi Nationality Publishing House has published a book series named *The Cultures of Ten ASEAN Countries* which completely and systematically introduces readers to the history and culture of the ten countries. The series will satisfy those people who want to get a thorough understanding about the culture and history of these countries, and will certainly strengthen ties in business, culture and tourism industry between China and ASEAN countries.

Culture is the soul of a nation, and it plays an increasingly important role in the development of a country or area. On December 12, 2005, Chinese Premier Wen Jiabao proposed that transportation, energy, culture, tourism and public health be made the five new key areas of China-ASEAN cooperation during the China-ASEAN summit. Culture has officially become a special area of cooperation, which will surely enrich the contents of the cooperation. The establishment of the free trade zone needs not only the flow of production factors but also the exchange of culture. Cultural cooperation and exchange between China and ASEAN can build a stable and attractive cultural area which will pave the way for commodities and personnel flow. The active exchanges in culture between China and ASEAN will provide both sides with a prosperous market for cultural industry. Since culture plays an important part in the modern world and the process of building up the China-ASEAN free trade zone, *The Cultures of Ten ASEAN Countries* will focus on various aspects of culture in these countries, and be a valuable series systematically introducing the culture of ten ASEAN countries to the world.

For more than a century, we have gradually become acquainted with the western countries which are far away from us, but by contrast we have become estranged from our neighbors. This series, written by a group of famous writers who know the cultures and customs of the ten ASEAN countries well, are well designed to introduce readers to the charming characteristics of the people and various aspects of their culture. These books are well-designed and illustrated with many fine images from these countries so that you can find them a good channel to get to know more about the people, their long history and rich cultural traditions, and the close relationship between China and her neighbors which has lasted for hundreds of years.

This series will significantly and greatly help to promote cultural exchange and cooperation between China and ASEAN member countries and help to accelerate the building of the free trade zone.

June 6, 2006

目录

第一章 感受时空

第二章 穿越春秋

第三章 民风的姿势

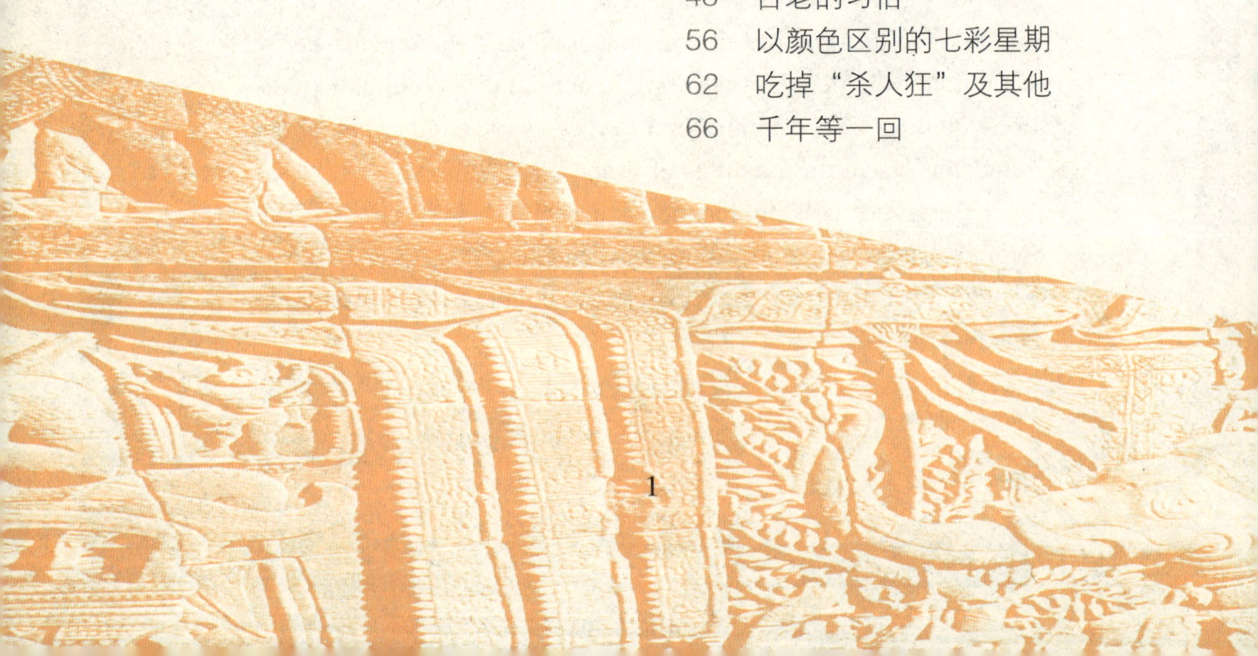

第四章 岁月的厚度

第五章 从金边到暹罗湾

第六章 村庄和湖水的叙述

Contents

Chapter One The Impression of Cambodia

Chapter Two Travel through History

Chapter Three Diversity of Customs

Chapter Four Witness of History

Chapter Five From Phnom Penh to the Gulf of Siam

Chapter Six Stories of Villages and Lakes

第一章 感受时空

她是中南半岛一个神奇美丽而又多姿多彩的小国，也是一个有着悠久历史与灿烂文化的国家。

劫后重生的柬埔寨王国

精美的雕刻装饰着柬埔寨的每个城市、乡村

因为柬埔寨独一无二的吴哥，辉煌无比的佛教、印度教建筑群，我的心灵急切地向她靠近，并最终走进了这个劫后重生的国家。她是中南半岛一个神秘奇异而又美丽多姿的小国，也是一个有着悠久历史与灿烂文化的国家。她创造的吴哥文明令世界为之震撼，她的多灾多难举世闻名。公元13世纪开始，不同种族的人所组成的不同大军多次占领柬埔寨。进入近代，法国和日本先后入侵柬埔寨，致使柬埔寨被作为殖民地的岁月长达90年之久。

1953年11月9日，柬埔寨获得独立后，刚刚踏上和平之路不久的柬埔寨人民，再度跌入20世纪70年代初开始的隆隆炮火中。柬埔寨一片焦土，工农业停滞不前，交通网络瘫痪，人民无家可归，流离失所。1993年，像阳光一样使柬埔寨充满生机的《巴黎和平协定》签署，日夜祈祷和平、自由的柬埔寨人，才又开始走上和平、独立、中立的民族发展之路。

被柬埔寨人民尊称为“亲王父亲”的诺罗敦·西哈努克亲王——柬埔寨独立之父的笑容真好

古老的柬埔寨王国国徽和空中高高飘扬的柬埔寨国旗，无一不暗示我这个有着20多个不屈不挠民族的国家，具有怎样一种异乎寻常的力量。尽管今天的他们，依然被束缚在战争留下的1000多万枚的地雷阵上，但并未影响他们迈进世界前列的雄心。1994年，柬埔寨开始向加入世界贸易组织（WTO）的目标挺进。道路是曲折的，2003年9月，这是柬埔寨人永远也不会忘记的一个月。在墨西哥坎昆召开的WTO第五次部长级会议上，柬埔寨终于成功完成了申请加入世贸成员国的一次次谈判，被接纳为世贸组织正式成员，成为世贸组织历史上第一个入世较贫穷的国家。

回顾柬埔寨的历史长河，我特别感受到柬埔寨人民的勤劳、智慧、忍耐和坚韧。

扶南王国是柬埔寨历史上第一个王国，

卖莲蓬的孩子

西哈努克王宫金碧辉煌，岿然不动

也是东南亚最早出现的国家之一。扶南王国创造的历史，是东南亚文明的一道亮光。从公元3世纪到公元7世纪，扶南成为这一地区的强国。那时候，东南亚地区是全球的一个经济中心，扶南是这一地区的强国，其历史地位不言而喻。而真腊的崛起与分裂，吴哥时代的辉煌，法国殖民时代的屈辱以及建设民族国家时代的使命，无一不给了今日柬埔寨人民无限的启迪和力量。

祥和的雕像，为柬埔寨带来活力

时间是伟大的，血管中流着祖先开拓疆土、创造文明血液的柬埔寨人民，自然记得祖先曾经盛极一时的辉煌。虽说劫后重生才15年，虽说柬埔寨人民的生活水平还比较低，但是，他们的笑容却是那么灿烂。谁要是认为我所说的话不太真实，那就请到结结实实的柬埔寨土地上走走看看，便可以客观公正地评价柬埔寨王国自《巴黎和平协定》签署后发生的一切可喜事件。这些可喜的事件是经过政府不懈努力，人民不懈追求的。

从西哈努克市到金边，从金边到暹粒，柬埔寨东南西北的每一座城市，无不在和平、独立、中立的民族发展之路上向前迈进。

金边中央市场卖莲蓬的女孩有些腼腆

柬埔寨是农业国，全国80%以上的人口从事农业，可耕地面积670万公顷，占国土面积的40%。但是，实际耕地面积不到可耕地面积的50%。为什么？我在下面所列的这个数字并非耸人听闻：全球在历次战争留下的后遗症中，光地雷就还有1亿多枚埋在世界各地，而在柬埔寨，就有1000多万枚！这些地雷大多在桥梁周围，以及实施停火地区的公路、铁路和小路两侧。排雷工作日复一日地进行，可是有谁知道，这些地雷哪天才能排清？需要多大的人力物力？柬埔寨王国可是一个只有1000多万人口的国家！谁都无法否认，这些地雷的存在，严重制约了柬埔寨社会各个领域的发展。目前，柬埔寨因战争损毁未能有效修复的道路、桥梁和涵洞还有很多，一直影响着柬埔寨经济的高效发展。

可喜的是，深受湄公河恩赐的柬埔寨，农、林、渔、牧产量丰富，近年来工业崛起，电信事业发展迅速，交通正在恢复，各大城市风光旖旎，越来越多的境外游客来到这里。

在柬埔寨，崛起的工业主要有成衣制造业。成衣制造业从某种意义上来说，实现了柬埔寨人经济腾飞的梦想。尽管成衣制造业在柬埔寨是一门新兴的行业，但它在柬埔寨经济中一枝独秀的位置谁也不敢低估。从1992年开始，马来西亚人、中国内地人、法国人、美国人、中国香港人与中国台湾人、韩国人、新加坡人等先后投资柬埔寨的成衣制造，使得成衣制造迅速成为柬埔寨最重要的支柱产业，最大的工业部门，最多的出口创汇户。2000年，在柬埔寨的主要出口商品中，服装出口创汇达到9.14亿美元，占全国出口总额的72.3%。此外，在柬埔寨劫后重生的国民经济中有一定发展势头，并形成一定规模的工业企业还有建材、橡胶和木材加工等。

柬埔寨的工业，曾经寂寞得像沙漠一样。因为战争的缘故，完全依靠自己的资源创造大量外汇的愿望像星星一样遥远。1993年后，柬埔寨政府采取大力发展成衣制造业的有力措施，这才创造了柬埔寨今天成衣业如此骄人的成绩，如此令世人瞩目的经济地位。

柬埔寨的交通同样是柬埔寨劫后重生的一道亮丽风景。交通网络以首都金边为中心，向全国各地辐射。

高脚屋掩映在绿树丛中

河岸上的人家生活从容

柬埔寨的交通，公路网络是最重要的一种连接方式。在所有的公路交通中，有四条最为重要。这四条公路使柬埔寨社会的各个领域充满喜悦。这就是从金边到越南边境，可通往越南胡志明市的1号公路，长167公里；从金边通往西哈努克港的4号公路，长230公里；从金边过马德望通向泰国边境的5号公路，长408公里；

金边街头运椰子忙

从金边经磅同、暹粒通向吴哥古迹的6号公路，长386公里。

师恩大桥是柬埔寨最大的铁桥，于2002年12月2日启用通车。大桥启用后，令人充满敬意地将乌廊、安昔符、森隆东、干拉斯登、贡比塞、波塞、德兰格、当东促县、忠基里的公路连成一体，带来这一地区前所未有的繁荣。这在柬埔寨道路桥梁的历史上有着很不一般的意义。

柬埔寨的铁路运输是另外一种情况。主要是起步早，发展慢。全国目前有铁路两条。一条从金边至波贝，全长385公里，最后可通曼谷；另一条从金边至西哈努克市，全长270公里，是柬埔寨交通运输的大动脉。残酷的战争曾折断了这两条铁路运输的翅膀，火车停开。战争结束后，百废待兴、百业待举的柬埔寨政府肩负起民众的信赖，把四分五裂的铁路重新修好，恢复了它昔日的地位与作用。

内河运输在柬埔寨的水运中比较繁荣，人们的生活几乎

城市一瞥

一刻也离不开它。海洋运输次之。内河航运主要在湄公河、洞里萨湖航行。内河航运的港口主要有磅湛港、磅清扬港、暹粒港和金边港。金边港同时也是远洋运输港。

又名磅逊港的西哈努克港，是柬埔寨最大，也是最重要的对外海港，位于柬埔寨西南的西哈努克市，距首都金边约230公里，于1960年由法国人援建。西哈努克港是柬埔寨唯一的深水港，柬埔寨目前最重要的国际海港和对外贸易枢纽，全国70%的出口物资都得从这里起运出海，驶往异国他乡。西哈努克港在战争与和平中经历了既残酷又美丽的变迁。波涛涌来时，你会由衷地体会到大海对

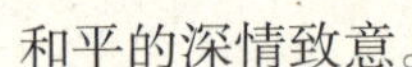

和平的深情致意。

这就是劫后重生的柬埔寨王国。无论你在金边、吴哥游览，还是在西哈努克市观光，无论你在洞里萨湖漫步，还是在湄公河畔徜徉，你会随时看见，快乐的孩子，悠闲的老人，来去如风的僧侣。出售本地特产的商店一家挨着一家，

这样过河

卖小吃和卖本地纪念品的摊前游客不少。卖水果的妇女和小女孩则将鲜香的水果顶在头上沿途销售。寺庙门前插花卖的妇女呢，宁静，善良。抬头起来，目光一经与你对视，那灿烂的笑，叫你一生难忘！只是，被地雷炸残身体的人，坐在路边树荫下乞讨的样子叫人心酸。

珍惜和平、祈祷和平吧！为柬埔寨，为整个人类的和平祈祷！

村头森列如林，芬芳远彻

千年讲不完的传说

有限的空间，建筑师与雕刻家表现出的非凡构图才能

在东南亚，有多少美丽富饶的海岸和岛屿，就有多少千年讲不完的动人传说。有多少千年讲不完的动人传说，就有多少盛开不败的花朵。柬埔寨王国，就是这样一个传说美丽、勾人心魄的国家。虽然，她的国土面积只有18.1万平方公里，在东南亚11个国家中居第8位。但这并不影响她的伟大。她位于亚洲东南部的中南半岛南部。南濒泰国湾，东北接老挝，东与东南临越南，西北与泰国相邻。地形犹如一块美丽的马蹄铁。其三面群山环绕，中间向东南方向延伸的低地平原，给柬埔寨带来了福音。全国森林覆盖率很高，有很高的经济价值与观赏价值。

柬埔寨境内的水资源十分丰富，大小河流宛如牧歌。河流和湖泊加起来占全国十分之一的面积。河流有湄公河、洞里萨河、公河、桑河、斯雷博河等，十分锦绣。加上众多明眸似的湖泊，造就了大片广阔肥美的沃土，构成了一幅多姿的风景。

七头蛇是柬埔寨最传奇的动物，即使在王宫中也不例外

发源于中国青藏高原海拔5000米的唐古拉山东北坡的湄公河，仿佛带来了柬埔寨传说中的神灵。她流向哪里，哪里就有五谷丰登、六畜兴旺，人民安康。湄公河是东南亚著名的国际河流，也是柬埔寨最大、最长的河流。湄公河在中国以美的力量著称的上游部分叫澜沧江。澜沧江穿越中国云南西双版纳一路奔流不息，浩荡出境，进入老挝后称湄公河。湄公河继续急匆匆地向前赶路，然后大大方方地流经缅甸、老挝、泰国、柬埔寨、越南五国。最后从越南顺着水势泻入南中国海。澜沧江——湄公河全长4668公里，在柬埔寨境内有500公里左右。流域面积15万平方公里。湄公河光临金边后，依然不舍昼夜，在柬埔寨王宫前的四臂湾同洞里萨河交汇，然后快乐、轻柔地分作两条支流。向东南的一支发出强有力的声音，响彻金边的上空，是湄公河的主干，人们亲切地称她为下湄公河，这是金边通向越南出海的一条要道，丰水季节可以承载5000吨的海轮通航；相对而言，向南的一支发出的涛声比较温柔，仿佛轻音乐似的，因此，人们给她起了几个好听的名字。在柬埔寨境内叫巴萨河，又名白色河，是湄公河的支流，经干丹省流入越南，越南人称她为后江。

每年定期从海洋和内陆吹来的季风，使柬埔寨一年分为两个明显稳定的季节——旱季和雨季。旱季为每年的11月至次年的4月，旱季时东北风不大，降雨少，所以称旱季；雨季为每年的5月至10月，这段时间西南风强盛，给柬埔寨带来大雨，因此称为雨季。旱季时雨水稀少，阳光直射，气温很高是她热烈如火的符号。雨季时洪水无情、粗暴，使大地上的一切风物踉踉跄跄。当然，各地的降水量差异很大，洞里萨湖却恰到好处地跟洞里萨河与湄公河相连。这样，平日里波澜不惊的洞里萨湖就以十分自然的姿态，变成了湄公河的天然蓄水库，起到分洪、排洪和调节气候的作用。同时在旱季为湄公河保持足够的水利资源，为下游的灌溉和航行提供了可靠的保证。

中央市场大气的中厅，星光灿烂

一方水土养一方人不会没有道理。柬埔寨这样的气候正好适宜于水稻、胡椒、咖啡、花生、芝麻、椰子、香蕉、芒果、橡胶、棉花、烟草、黄麻、甘蔗和砂糖椰子等植物的生长，衬托出柬埔寨人的勤劳和智慧。砂糖椰子是柬埔寨有名的特产，除果肉可以食用外，它的树汁还可以用来制作砂糖和酒。

美丽如歌的金边，是柬埔寨王国的首都。她位于柬埔寨东南部的平原地带、洞里萨河与湄公河的交汇之处。始建于公元1372年，1434年开始作为国都。1867年以后一直是柬埔寨的首都。作为全国最大的城市，金边既是柬埔寨王国政治、经济、文化、教育的中心，又是世界著名的旅游胜地，同时还是全国的交通枢纽。金边的主要街道用文字命名，次要街道以数

牧歌般的乡村

字排列。南北向的街道配着奇数，从北到南的数字是从小到大；而东西向的街道则配着偶数，自东向西的数字从小到大。很有规律。

截至2004年12月，柬埔寨王国共设有20个省、4个直辖市、185个县（区）、1622个乡、13866个村庄。其中，金边市、暹粒市和西哈努克市被列为对外开放城市；白马市、波哥市与基里隆市为旅游区。

国家博物馆门前

关于“柬埔寨”这个名字的来历，有许多美丽的故事传说。其中，最令人着迷的一个，讲的是印度王子和一位远东女神的爱情故事。

故事发生在很久很久以前。一位年轻英俊、体魄健美、眼睛迷人、头脑中充满种种神奇幻想的波列·东王子，他厌倦了宫廷礼仪繁琐的生活，他向往自然、自由和阳光。一个冬天快要结束的时候，王子扮作宫廷侍卫的模样，逃出

西哈努克王宫是金边的标志

乡村秩序井然，充满生机

了父王、母后的视线，逃出了金碧辉煌的皇宫，逃到了土地肥美、风景旖旎的东方神话地域。所到之处，全是如画的海湾，美丽的田野。他深深地被东方这片神秘的土地所吸引，他要在这里寻找与他有缘的民族，有缘的美和有缘的心中女神。他日复一日地探索、寻找。阳光下，他走过了河流，走过了雨林，走过了滚滚尘埃。终于，王子波列·东在经历九九八十一的遭遇和磨难之后，遇到了那伽人国王的女儿索玛。“那伽”——柬埔寨的七头蛇神，被视为柬埔寨国家起源的神圣象征和王国兴盛的保护者。

索玛有着杨柳一样的身姿，眼睛像湖水一样明亮，皮肤像古铜色一样迷人，身体像晨光一样优美芳香。而且双唇饱满，胸脯挺拔，气质高雅可爱。年轻的王子波列·东一下就坠入了爱河。王子以甜蜜的语言和优雅的姿态向索玛求婚。索玛的脸红了，含羞接受了王子波列·东的爱情，并牵着王子波列·东的手来到父王那伽王跟前。那伽王同意了这门婚事，同时高兴地决定给女儿一笔适合她身份的嫁妆。于是，那伽王一口气吞没了覆盖在其圣山底处土地上的水，送给这对新人。同时还为他们举行了历史上最盛大、最欢乐的结婚典礼。从此，冒险王子波列·东和蛇女索玛过上了更加幸福的生活，创造出勤劳、勇敢、伟大的高棉民族。

精美的雕像，令人产生宗教般的虔诚之情

银殿回廊壁画，精致、优美

这个传说具有一定的地理意义。因为柬埔寨在远古时代是一个浩瀚海湾，湄公河的不断冲积才将沧海变成桑田。“柬埔寨”的梵文意思即为“生于水”。

公元元年，建于扶南（“扶南”是中文译音，在柬埔寨古文字中是“山”的意思）的高棉王国开国者——婆罗门教徒柬埔（Kambu），也可能将这个可爱的名字留给了柬埔寨王国这个美丽的国家。

永生之恋

每个国家都有自己独特的标志，那就是国旗，国徽，国歌。

国旗，是蓝天白云下的标志；国徽，是镂刻在人民心中的标志；国歌，是响彻云霄、飞越五洲四海的标志。国旗，国徽，国歌，是每个国家国民的永生之恋。

国　旗

1993年新的柬埔寨王国成立。1993年6月29日西哈努克亲王签署命令更改国旗，恢复使用1970年3月18日以前柬埔寨王国国旗的

国旗在柬埔寨人的心中

国旗中的红色象征吉祥和喜庆，蓝色象征光明和自由

图案。柬埔寨王国国旗为长方形，长宽比例是3∶2。由蓝、红、蓝三个横长方形相连组成，中间的红色长方形比上下两个蓝色长方形宽许多。红色长方形中还绘有白色镶金边的吴哥窟，这是柬埔寨最为著名的古代建筑，象征柬埔寨悠久的历史和文化。

在柬埔寨王国，红色象征吉祥和喜庆，蓝色象征光明和自由。

每天在柬埔寨王国国土上升起的这面国旗，总是牵动着她20多个民族，1000多万人民的万千思绪。召唤他们为国旗，为国家效忠，牢记民族光荣。

国　徽

柬埔寨王国国徽是以王剑为中心线，两边对称的菱形图案。图案中的王剑由托盘高高托起，表示在柬埔寨王国这个国家，王权具有至高无上的地位。左右两侧的五层华盖由狮子守护着。“五”这个数字在柬埔寨象征“完美、吉祥”。两边生机盎然的棕榈树

柬埔寨王宫（中间图案是国徽）

叶象征胜利。底部的饰带写着“柬埔寨王国之国王”的柬埔寨文。整个图案象征柬埔寨王国在国王的领导下，是一个统一、完整、团结、幸福的国家。

柬埔寨王国国徽具有绝对的向心力量。

国　歌

柬埔寨王国国歌的名称是《诺哥列尔》。“诺哥”在高棉语中意为“城市”，“列尔”表示“皇家”。诺哥列尔是柬埔寨的历史地名，在今茶胶省境内。最初把《诺哥列尔》定为柬埔寨王国国歌是在1941年。该国歌从1941年一直使用到1970年。朗诺政变后采用了新国歌。1975年4月17日，柬埔寨人民武装力量解放金边，恢复使用《诺哥列尔》为国歌，但仅使用了一年的时间。1976年至1979年民主柬埔寨采用了新的国歌。1979年柬埔寨人民共和国成立后亦用新的国歌。1993年新的柬埔寨王国成立，这才再次恢复使用《诺哥列尔》为国歌。

国歌《诺哥列尔》歌颂国王的英明和吴哥王朝的辉煌，祈求佛祖保佑国泰民安。其召唤般的旋律，时刻唤起柬埔寨王国全体人民共同努力，朝着和平、独立、中立的民族发展路上前进。

王宫守卫者

第二章　穿越春秋

历史的光芒映照着这个美丽的国度，更给人以阳光之感。这就是地广人稀的柬埔寨，热带雨林中的一个多民族国家。

阳光民族

我看见这个多民族的国家，总是以阳光的姿态屹立于世界的民族之林。无论是遥远的冷兵器时期，还是近现代的热兵器时代，这个国家的人民一直都在创造着奇迹。即使他们刚刚从战争的硝烟中冲出， 脸上，依然带着无法言喻的阳光对着世界微笑。历史的光芒映照着这个美丽的国度，更给人以阳光之感。这就是神奇美丽的柬埔寨，热带雨林中的一个多民族国家。

就人口的总体状况而言，柬埔寨的确是一个地广人稀的国家，是中南半岛5国中除老挝之外人口最少的国度。但是，柬埔寨

柬埔寨特色交通工具

的人口增长非常迅速，人口的特点是年轻化。仿佛朝霞满天、阳光遍地、鲜花遍野，柬埔寨的国土到处流动着火热的青春。1953年，柬埔寨独立时全国人口只有400万，到2004年普查统计时，全国人口已经有1309.1万了。

柬埔寨人口增长的速度如此之快，人口密度的增长也就十分惊人。男人、女人和孩子，他们明亮的眼睛告诉我，在柬埔寨灼灼生辉的土地上，1972年为22人/平方公里；1987年为39人/平方公里；2004年为75人/平方公里。

暹粒路上的摩托车

穿着现代服装的巴肯山人

喜欢刨根问底的人也许会问，柬埔寨一下跑出这么多的人，他们，从哪来？作为本文的作者，我想我有义务为读者解答这个问题。首先，若从佛的学说来讲，他们从来的地方来；从生物学上讲，他们从父母的身体繁衍生殖而来；而从人类学说来讲，他们从屹立于世界的民族之林中来。中国古书上称他们为吉蔑人，他们却自豪地说自己是高棉人。关于这最后的一个定义，可以追溯到公元前6世纪至前5世纪，也有人说是公元前2世纪至前1世纪。当然，学术界的看法不一，无可厚非。硬要争出高低，一时半会也不可能。

推销吴哥画册的小女孩

顺着历史的河流往上而去，有不少学者说，高棉族的生命之源是从古印度迁来的，与印度同族；柬埔寨本国资深学者认为，高棉族是东南亚本地的土著民族，极有可能是美拉尼西亚人与印度尼西亚人结合而诞生的一个民族；曾经长期坚持不懈研究柬埔寨人的中国学者认为，高棉人即中国历史记载的吉蔑人或昆仑人。他们从遥远空旷的亚洲西北高原一路南下到达中国的彩云之南——云南，于公元前6世纪至前5世纪向南迁徙到达柬埔寨。看到柬埔寨的国土像画一样色彩丰富，闻到柬埔寨香甜的丛林气息像梦中的玫瑰一样芳菲，经过长途跋涉来到这里的他们于是不走了。最后成了柬埔寨的主体民族——高棉族。我呢，我从若隐若现的时光隧道看见，今日的高棉族由多种民族结合而成，却是不争的事实。

金边路边

高棉族是柬埔寨的主体民族。据柬埔寨人口普查资料显示，2004年高棉族约有1178万人，占全国总人口数的90%。高棉人笃信小乘佛教，男性大多在或远或近、圣地一般的寺院里当过和尚，度过寺院虔诚、宁静、宽容的生活。

高棉人肌肉结实，体格强壮，头发卷曲，宽鼻子，大眼睛，皮肤呈微微晒黑似的棕色。饱满的嘴唇，一笑就露出了因为喜嚼槟

暹粒巴戎寺

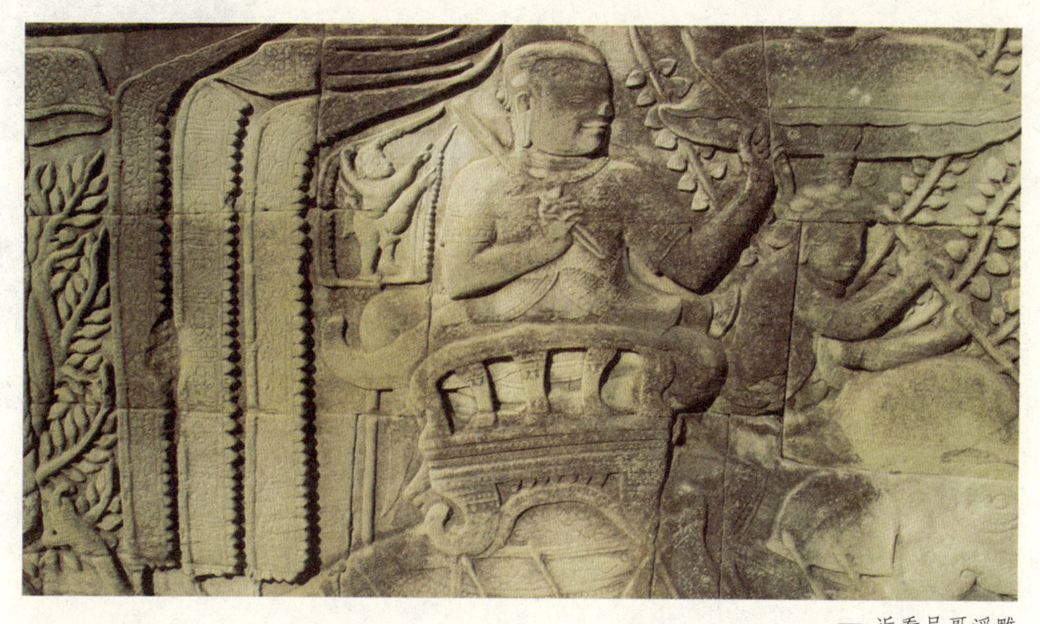

近看吴哥浮雕

来去如风的僧侣，清晨上课去

榔而黑得发亮的牙齿，模样显得特别淳朴可爱。

高棉族有高棉自己不受外族限制的语言和文字，高棉语是柬埔寨全国通用的语言。高棉人还创造了令人驰骋想象的、古代东方灿烂的文化。吴哥古迹、柏威夏古寺等都是高棉民族自豪、伟大的象征。

在柬埔寨，除高棉族这个人口众多的民族外，还有占族、华族、越南族、老族、泰族、卜农族等20多个民族心心相通、和谐相处，共同为柬埔寨的繁荣富强，为柬埔寨的大地微笑而努力。

柬埔寨的占族约有20万人，几乎全部信仰伊斯兰教。阳光下，伊斯兰教的清真寺与佛教的寺院一样，静静地在柬埔寨的大地上耸立，陪伴着辛勤劳作的人们。

在柬埔寨，人们也称占族人为穆斯林高棉人。他们大都是曾经强盛一时的占婆帝国后裔。中国史书称之为“林邑”，唐朝史籍称之为“环王”，五代以后则称“占城”，该国的碑文自称“占婆”。占婆帝国原来统治着印度支那的东海岸，后来被越南人吞并。今日柬埔寨的占婆人就是占婆国的遗民，他们主要聚居在柬埔寨的磅湛省。“磅湛”就是“占族人村庄”的意思。

很久以前，古老的占族人信仰婆罗门教。后来，他们在与从马来半岛和印度尼西亚迁来的穆斯林混居的漫漫岁月中，经过密不可分的生活、水到渠成的思想变化这样一个过程，渐渐地，就改信伊斯兰教了。

在柬埔寨生活的华族人不少。穿过柬埔寨茂密的热带雨林，呼吸舒畅地走到阳光下很快就能看到，大约有60万的华族人在柬埔寨生生不息，开花结果。其中，金边市就有10多万华人，其余分布在柬埔寨的全国各地。在柬埔寨，华裔称华族，他们与柬埔寨的其他民族一样，共同为柬埔寨的和平与繁荣而努力奋斗着。

华人侨居柬埔寨的历史可以追溯到宋代，是首批在柬埔寨定居的外国人，也是首批受到柬埔寨欢迎的外国人。清朝太平天国运动失败后，更多中国人来到柬埔寨定居。在柬埔寨民族团结的历史上，华族人与柬埔寨各族人民互相爱戴、和睦相处，通婚的概率很高。华族人在柬埔寨的各个领域，特别是经济与文化领域做出的贡献，曾经得到柬埔寨前国王诺罗敦·西哈努克的充分肯定。只是20世纪60年代末期，柬埔寨出现社会政治经济的不安定，华人在柬埔寨的经济发展受到严重制约。20世纪70年代以后，柬埔寨又长期处于炮声隆隆的战争之中，大批华人不得不选择逃离，或投身战争。战争结束后，华族人复又归来。这就是华族人对柬埔寨的深厚情感。目前，中柬两国的友好关系已经进入一个美好的崭新时代，

吴哥里的教室

他们这样出门

中国人在柬埔寨的投资领域十分广泛，中国餐饮业在柬埔寨随处可见。

基于篇幅所限，有关柬埔寨其他民族的渊源，我想应留待可爱的读者自己到柬埔寨旅行时慢慢考察了。

想要很休闲地到柬埔寨走走看看，当然，你首先得办一个出国签证。到柬埔寨的出国签证你可以从以下三种途径取得：A.在柬埔寨驻中国领事馆；B.在柬埔寨驻其邻国领事馆；C.落地签证。然后，你在柬埔寨呆上一个星期或十天，这样就会轻易发现，柬埔寨的语言十分丰富且充满活力。若按语言的起源，可以分为三个语系。即南亚语系、汉藏语系和南岛语系。跟当地人打交道，包括尚未成熟、老是喜欢在街上打打闹闹的孩子，你会发现不同的人群喜欢使用不同的语言。比如，学术、工商与政府机关的许多人士在使用高棉语的同时，还喜欢使用法语和英语交流。普通市民喜欢华语和越南语，少数民族喜欢自己的民族语。泰族人讲泰语，老族人讲老语，占族人讲占族语等。

我对人类的语言，向来有一种近乎女人爱花、爱香水那样的癖好。虽然我总是学不好，而且不久就忘，但这并不影响我每到一个地方时去学习当地语言的热情。然后才是观光和品尝当地风味小吃。稍稍了解高棉语属于南亚语系，华语、缅语、泰语属于汉藏语系，占族语、马来语则属于南岛语系的我，到柬埔寨自然是先学习占柬埔寨总人口数90%的高棉语了。高棉人称呼父亲为“巴驼”，称叔伯也是“巴驼”；称母亲为“米”，姑姑、阿姨、婶婶及女性年长者，一样称“米”；称兄为“帮”，姊姊也称为“帮”；称弟弟为“补温”，叫舅舅为“吃赖”，姑夫、

路边小吃

姊夫、姨夫、妹夫亦称“吃赖”，等等。我在观光的路上学，在吃饭的饭店学，在下榻的宾馆学，越学越觉得音调悦耳的高棉语可爱。

柬埔寨绝大多数居民用音调悦耳的高棉语说话，柬埔寨王国宪法第五条规定：“官方语言和官方文字是高棉语和高棉文。”因此，同时也叫柬埔寨语的高棉语是柬埔寨国语。19世纪柬埔寨沦为法国殖民地，高棉语曾被法国殖民当局强行禁止在许多场合下使用，这是一个民族的不幸。法国殖民当局甚至在柬埔寨推广法语教育，无理地把法语作为柬埔寨官方必需使用的特定语言，这更是一个民族的不幸。1953年柬埔寨获得独立，高棉语才又还原它在国家的崇高国语地位。高棉人长期以来不能使用自己的母语表达思想与情感的痛苦才算结束。时间长达90年，代价多么昂贵！

租一辆自行车骑到洞里萨河，很贪婪地看

我在有缘接触柬埔寨，特别是接触到研究柬埔寨语言的学者时得知，高棉语借用外来语的现象非常多。比如，它在表达、陈述社会与政治方面有关的问题时，就大量地借用了印度梵语和巴利语中一些相关的词；也从汉语中借用了不少跟商业、烹调和财经方面相关的词汇。当然，越南语、缅语、泰语和马来语等语言的一些词汇，也被聪明的高棉人消化后变成了高棉族语言的一个组成部分。高棉文字起源比较早，看上去与泰文差不多，是东南

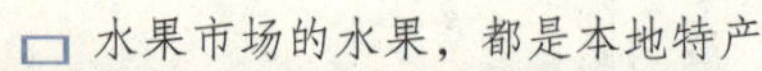

水果市场的水果，都是本地特产

贡布街景，洒满阳光

亚诸国中最为悠久的文字。它是在梵文和巴利文的基础上结合高棉语言创造出来的。

我很乐意向广大读者讲述柬埔寨其他的一些见闻。比如，柬埔寨人口地理的分布状况。柬埔寨人口的地理分布简直是太不平衡了。国民主要聚集在中部富饶、发达的平原地区，金边市及金边周围比较发达的省份居住。金边的人口密度达3448人/平方公里，到处都可闻到热烘烘的人体气息；洞里萨湖周围、湄公河沿岸的干丹、磅湛、马德望等省的人口也不少，其人口密度为200~300人/平方公里；而北部、东部的高原山地及西部的沿海地区人烟稀少，柏威夏省的人口密度是8.6人/平方公里；蒙多基里省仅为2.2人/平方公里。开车穿过这些满是热带雨林、郁郁葱葱的高原山地，很长一段时间都碰不上一个人呢。

柬埔寨长期以来是农业国，又屡次经历过水灾、旱灾乃至战争之灾的沉重打击，因而，人口城市化的程度非常低，绝大部分国民生活

自信勤劳的柬埔寨人民

在农村，而且习惯于稻作农业的生产生活方式。不过，柬埔寨的人口年龄结构相当年轻，整个国家到处都是青春的面孔，青春的气息。这种气息如春风拂面，给人以希望，以力量。据说，柬埔寨15岁以下儿童占总人口的比例约为38.6%，65岁以上老人占总人口的比例约为3.9%。

由于历次战争的影响，战争的印痕在柬埔寨难以磨灭。战争给柬埔寨带来的不仅仅是难以形容的贫困，就连柬埔寨人的寿命，也让战争给削减了。柬埔寨人的生命，连科学预期的寿命值都没达到，这是相当不幸的事情。当地人都说，柬埔寨国民平均寿命还不到58岁。因而，柬埔寨的每个公民都有可能在十五六岁的时候结婚生子。无论是城镇还是乡村，当你遇见一个十五六岁的小姑娘怀抱婴儿在公园一角或恬静的农舍前哺乳，请你给她祝福，她必回你阳光一笑。据柬埔寨2004年的统计资料表明，15岁及15岁以上男性人口中已婚的占62.9%，同龄女性人口中已婚的占58.5%。

暹粒景区的孩子们

这就是我所见到的柬埔寨。和平的阳光普照大地，人民珍惜和平，休养生息，安居乐业，笑得很灿烂。

信仰之光

那高于一切的，那不容亵渎的，那超越战争、制度之外的，自然，在热带雨林中的柬埔寨是宗教。居住在柬埔寨东部和北部山区的少数民族部落有自己独特的宗教信仰。他们相信万物有灵，相信精神无处不在。包括以光年计算的宇宙、星空，大地上的高山土岭、江河湖海、石头、树木、土壤、火，甚至一棵微不足道的小

王宫的色彩、雕刻和尖顶非常迷人

草，都可以成为他们崇拜的神祇。如果突然遭到什么不可预测的灾难，或是有人生了怪病，他们立即就会联想到是否触怒了哪方神灵，然后虔诚地宰杀家禽家畜，进行祭祀。

公元1世纪左右佛教从印度传入柬埔寨。到公元14世纪后取得柬埔寨主导地位的则是佛教教派之一的小乘佛教。小乘佛教在柬埔寨全国至少有90%以上的人信奉，其他的人分别信仰伊斯兰教、天主教、婆罗门教和原始宗教等。

柬埔寨就是这样一个有着多种宗教信仰的国家。同时又是非常明确地将小乘佛教确定为柬埔寨国教的国家。时光是溪，它流水般地汩汩而去，柬埔寨宗教的标志——雄伟的数千宝塔及寺院却留了下来。

在作画的老艺人

寺庙作祈福用的香烛和莲花

佛教产生于公元前6世纪的印度，公元2世纪划分为大乘佛教与小乘佛教两大派。小乘佛教宣传“生死轮回”、“自我解脱”。其教义把佛当做一位崇高的、替人解惑的教师，而不是神。所用语文是巴利文，佛经用巴利文抄写。

时间到达近代，柬埔寨的小乘佛教分成两大派别。一个派别是摩诃尼伽，另一个派别称达摩育特。

“摩诃尼伽”意指“大群”，因此，摩诃尼伽派又被称作“大群派”，是传统高棉佛教，历史悠久，流传广大。其僧侣人数在柬埔寨僧侣的总人数中占90%，寺院占柬埔寨寺院总数的90%以上，总部设在金边最古老的乌那隆寺。“乌那隆”的意思是“圣眉”，传说佛祖的眉毛在寺院里面埋着。乌那隆寺建于1443年，由高大的镂花铁门里的44座建筑物组成，里面有金边最大的佛塔。

“达摩”的意思是“正法”，“育特”指“追随”。因此，达摩育特派又被称作“追随正法派”，是泰国曼谷王朝拉玛四世蒙固王于1864年创立后传入柬埔

王宫内的这幅金像，是柬埔寨的稀世之宝

寨的。达摩育特派以严守小乘佛教正统教派规矩而著称，主要在柬埔寨王室、贵族和高级官员中流传。虽然，其僧侣人数在柬埔寨只占10%，但由于有王室和高官的支持，势力不可低估。位于金边市的宝东华德寺是达摩育特派的总部。

摩诃尼伽派和达摩育特派对佛教教义的理解大致相同，地位平等。两派分别有自己的僧职系统，僧侣均过着诵经参禅的宗教生活，僧王由国王任命。

到柬埔寨旅游，你会发现这个国家的每个村庄几乎都有一座寺庙。首都金边作为柬埔寨的佛教中心，更是寺庙林立的地方。寺庙的色彩、雕刻和尖顶非常迷人。铭文则让人产生一种不言而喻的理解和贯通。当你从那里经过，还会突然感悟到，有多少岁月，就有多少虔诚而又根深蒂固的身影在人们的眼前走过。金边著名的寺庙有很多：岛寺、大官寺、波东寺、兰卡寺、三博密寺、株德奔寺、沙拉湾寺、涅加湾寺、坛寺、宝东华德寺、乌那隆寺、塔山寺等。

柬埔寨的寺庙，既是当地宗教活动的圆心，又是当地社会活动的场所，同时还是当地教育的圣地。寺庙里的僧侣除了过着诵经参禅的宗教生活外，通常还要承担起当地小孩教师的责任，引导儿童识文断字，做人做事。村民有病，也是到寺院里找僧侣寻医问药。

王宫里富有表情的佛像

因为信仰问题，柬埔寨人无论出身怎样，地位尊卑，男的佛教徒必须有到寺院里出家当和尚的经历。当和尚的时间不限，长短皆可，甚至一生为僧。家里有人出家当和尚是很体面的事情，全家人都深感光荣无比，做朋友的也会为之骄傲。所以，许多当父母的都鼓励孩子削发为僧，到寺院里诵经参禅。出家那天，亲朋好友

都来欢送，而且还要敲锣打鼓，场面热烈极了。因为他一经穿上袈裟，就被视为不可侵犯的人。

在柬埔寨，僧侣的社会角色十分重要。他们既要承担传播宗教的重任，同时还要承担普及教育、卫生常识的事务，以及为民防病治病的职责。因此，在柬埔寨人民的心中，僧侣一直被视为最有学问、最有修养的人。

岁月漫漫，人的精神怎样磨砺？生命怎样枯萎，希望怎样到来？到柬埔寨来，住上一晚两晚，看看僧侣的生活，当然会有所觉悟。雨点打在窗上，朝外望去的那幅景致：僧侣的生活多么安静、简朴而又超然度外。剃度出家、严守清规戒律的他们，身披黄色袈裟，左肩袒露在外；出门时撑着黄伞，打着赤脚顶着烈日踏风雨而行；下身穿着的黄色纱笼在风中轻飘，拍打着他们的脚踝。僧侣们每天清晨起床沐浴后，往往两人一组走村串户去化缘，得到布施后便回寺庙念经。他们一天只吃两餐，午后到次日清晨不再吃任何东西。每日除了在佛像前诵经参禅外，有时还

暹粒小吴哥

举世闻名的吴哥窟，谁也不是第一个来，也不是最后一个

三三两两地在寺院里的阳光下或绿荫中看书。心灵在佛光中沐浴，何等平和自信。

令游客感到有意思的是，寺院里常常遇到戴着眼镜读书的僧侣，他们很和善，也很有学问。

伊斯兰教是柬埔寨的第二大宗教，全国有教徒20多万人。在柬埔寨信仰伊斯兰教的人中，大部分是占族人和马来人。目前，柬埔寨境内有清真寺100多座，金边附近的克罗昌格瓦清真寺是柬埔寨伊斯兰教最著名的清真寺。柬埔寨的伊斯兰教属于逊尼派，每年都有一些人到马来西亚去学习《古兰经》，同时更向往到麦加朝圣。在柬埔寨的伊斯兰教中，凡是到过麦加朝圣的穆斯林，都能戴象征着光荣的、圆筒形的穆斯林帽子，围穆斯林头巾。这是柬埔寨伊斯兰教穆斯林人人都向往的事情。

17世纪由欧洲传教士传入柬埔寨的天主教，占全国的总人口数的比例较低。据有关资料表明，1953年柬埔寨独立前，全国的天主教会会员共有12万人，当时是柬埔寨的第二大宗教。1972年，柬埔寨境内的天主教徒大约有2万名，他们多是留在柬埔寨的法国人。

婆罗门教是公元1世纪从印度传入柬埔寨的外来宗教。在相当长的时间内，婆罗门教是柬埔寨的主要宗教。婆罗门教信奉三神：梵天、毗湿奴和湿婆。公元9世纪，吴哥王朝的创始人宣称自己是湿婆的象征，婆罗门教由此在柬埔寨进入鼎盛时期，对柬埔寨的政治、语言、建筑、风俗等方面影响重大。公元14世纪以后，婆罗门教在柬埔寨逐渐走向衰落，其地位被小乘佛教取代。不过，它在一定程度上依然与柬埔寨人的生活息息相关。比如，属于王室重大庆典活动中的国王登基、王子剃度、王室成员的婚礼和葬礼、大臣向国王宣誓效忠等仪式，都由婆罗门教的祭司主持。柬埔寨国王被称为婆

艺术与生活的完美结合

罗门教教主，国王尊婆罗门教祭司为国师。

在即将结束柬埔寨之旅时，你一定对柬埔寨这样一个有着多种宗教信仰的国家有所了解，一种宗教有一种宗教的教规、服饰和寺院的建筑风格。一座寺院，一座宝塔，其实就是一座真正的精神家园。

这就是我眼中的柬埔寨宗教——信仰之光。

第三章　民风的姿势

柬埔寨的日历排满了节日，这是一个讲究礼仪的国家。她的节日风情万种，一万种风情走近你，由不得你不陶醉。

特别是女性，女性的穿着似乎在各国都引领着时代的潮流，展现的风格多种多样，绚丽多姿。

风情万种走近你

柬埔寨的日历排满了节日，这是一个讲究礼仪的国家。她的节日风情万种，一万种风情走近你，由不得你不陶醉。除了世界性的节日，如元旦、国际妇女节、国际劳动节、国际儿童节外，还有许多柬埔寨人所特有的节日，如柬埔寨新年、西哈努克国王诞辰日、王国独立日等。民间传统的节日也不少：御耕节、亡人节、送水节、佛诞节等。

节日使平日粗放的生活得以细腻温柔一番，使久别的亲友得以重逢，这是挺好的事情。这对节日的概念与气氛几乎要被世人淡漠的世界来讲，柬埔寨兴盛如初、缤纷如初、鲜活夺目如初的节日令人目不暇接。

柬埔寨新年

全国放假三天的柬埔寨新年，是每年公历4月13至15日。这三天柬埔寨的男男女女、老老少少都穿着打扮一新，举行仪式繁杂的各种庆祝活动。

比如堆沙山，沙山代表所谓世界中心须弥山俯瞰的所有大山，也喻意在新的一年里，五谷丰登，幸福像沙粒一样多。无论王室、僧侣，还是平民百姓，家家都会有堆沙山的仪式。堆沙山的仪式常常在新年的第一、第二天进行。

再比如守岁的规矩：新年的第一天为守岁。守岁的这天下

代代传承的宗教文化

午家家户户举行迎新仪式，晚上张灯结彩，一家老少其乐融融地团聚在家里，像中国传统的春节除夕夜守岁一样，讲究的是合家团圆。不同的是柬埔寨的守岁日要请僧侣到家中来诵经祝福，祈祷新的一年风调雨顺、平安吉祥。

祈祷

第二天为辞岁。辞岁这天有点像中国人大年初二走亲戚，亲朋好友互相走访往来，互赠新年礼物表示问候和祝福。

第三天为新岁。新岁这天要举行隆重的、人人参加的浴佛仪式。仪式开始时，人们约定俗成地将浸有鲜花、喷过香水的洁净水带到寺院，列队依次走到佛像前，神色庄重地把水淋到佛像上，意为浴佛。人们在佛像下面用事前准备好的盆子盛着从佛身上往下流淌的水，兴高采烈地带回家去，由长辈洒在每个人的头上表示祝福。同时给孩子淋浴。柬埔寨人相信，浴佛之后可以给全家人带来幸福和吉祥。

新岁这一天，柬埔寨的文武百官和各国驻柬埔寨的外交使节，都会在喜气洋洋的气氛中穿上节日的盛装礼服，到王宫去给国王、王后拜年。全国各地还有令人眼花缭乱、绚丽多姿的庆祝活动。人们载歌载舞，庆贺新年到来。

浴佛之后可以给全家人带来幸福和吉祥

御耕节

柬埔寨是农业国，传统农业的第一个节日御耕节表示一年耕种的开始。此时正是柬埔寨一年一度的雨季来临之时，这意味着又一段耕作的岁月开始了。御耕节这天要举行隆重的御耕典礼，政府机关放假一天。御耕节典礼仪式的隆重主要表现在由柬埔寨农业部组织，文武百官和各国驻柬埔寨外交使节应邀参加，国王、王后亲自参与，百姓欢呼雀跃。御耕节典礼仪式的隆重同时还表明了国王对农业的重视，鼓励人民从事农耕，发展农业。

御耕节的仪式每年都在特定的圣田里进行。圣田四周设有五

久经不衰的节日活动

座庄重亭子，亭子里面各供奉着一尊佛像。圣田前设有礼坛，礼坛上并排放着七个银盘，银盘里分别盛着稻谷、玉米、豆子、芝麻、青草、水、酒。银盘里的这些东西到最后将把御耕节的隆重仪式推向高潮。

过去，御耕节的日期由风水先生确定，国王亲自在圣田里扶犁耕种，祈祷丰收。现在，节日定在4月或5月举行。仪式是由作为国王代表的农业部长扶犁，带领耕作队伍来到圣田，把披着五色彩衣的“神牛”解开，用“神水”洒在神牛身上。然后，由神牛拖着木犁，农业部长扶犁，在圣田里绕着圈圈作象征性的犁耙。王后的代表衣着鲜亮，与经过精心挑选的一些宫女则紧随在农业部长的身后，姿势优美地从银盘中抓起五谷的种子—— 撒进圣田里，喻示全国的一年播种开始了。最后，把“神牛”牵到摆放着七个银盘的礼坛前，让它自由选择吃什么或不吃什么，以预卜一年农业耕作收成的成败。如果它选择谷物，将有粮食大丰收；如果它选择青草，动物流行病会被治好；如果它选择水，那么风调雨顺；如果它选择芝麻，则意味着水果好收成；如果……

节日盛典

独立节

1953年11月9日，法国同意柬埔寨完全独立。从此，柬埔寨结束了长达90年的保护国制度。于是，柬埔寨王国把11月9日这天定为柬埔寨王国独立节。

国王诞辰

每年10月底，柬埔寨全国上下一片欢腾，举行盛大的3天庆祝活动，以祝贺国王的诞辰。

亡人节

柬埔寨的亡人节是一个传统节日，与中国的清明节类似。过去通常要持续15天，现在已经缩短为3天。在亡人节里，所有的佛教徒都要到寺院里去做善事、积公德。

“添汶”则是亡人节里佛教徒每天都要进行的一项重要活动。这是每天的清晨，虔诚的佛教徒们用各种各样的器物将自己家中刚刚煮好的饭菜带到寺院，倒进同一口大锅，摆放好碗碟，恭恭敬敬地请僧人用餐。僧人们吃完后，佛教徒们才礼让三先地去吃。吃后各自回家，天天如此。有些老人节日期间一直呆在寺院，等到节后才肯回去，当地人把这种习俗叫做“受节”。

亡人节的最后一天特别隆重，活动也特多。人们在凌晨 3 点起床，摸黑砍回芭蕉树皮，人人动手，精心制造芭蕉树皮船，把食物装进船里放进河中。然后点上香烛，任其顺水而去，喻意为送先人上天堂。天亮后身着节日盛装的人们纷纷赶到寺院，在寺院里堆砌好沙坛八座并环坐沙坛四周，恭请僧侣在沙坛上点香诵经。僧侣诵经时，信徒们将燃烧着的蜡烛轮流传到每个人的手中，意在为已故的先人赎罪。亡人节的最后一个仪式，是将寄放在寺院里的已故先人骨灰取出来，没有骨灰的就把写有已故先人名字的一张纸交给僧人，请僧人为其诵经超度。

这就是柬埔寨传统的亡人节。无论你工作多忙，也无论你在多么遥远的地方做事，亡人节时都会赶回故里，积极参加悼念和追思自己已故亲人的各种活动。当然，所有的悼念活动不是在于物质意义上的参与，而是取决于心灵与精神的种种寄托与安慰。

加顶节

在柬埔寨，佛教徒最隆重的节日之一是加顶节。加顶节的时间从佛历十一月初一开始，历时一个月。这一个月的阳光格外柔和地普照着柬埔寨的大地，走到哪儿都是人们向僧侣捐赠物品的身影。因为加顶节的主要内容就是佛教徒给僧侣们添置袈裟，赠送日常生活用品。

像中国南方人自发组织过“社”祭祀“社王”一样，柬埔寨加顶节的仪式也是民间自发组织起来的。这就是在加顶节来临时，当地颇有身份的富裕人家或道德高超的人热心地走到乡里乡亲中间牵头，组织并承担起加顶节期间各种活动的费用，同时负责收集人们捐赠的各种物品。比如：袈裟、蚊帐、凳子、碗筷等。他们的动机善良而又真诚，目的就是行善、做好事。因而一经出动，立即就能得到大家的响应。

经过一个月的收集，最后就是前往寺院赠送礼物了。

向寺院赠送礼物有一个比较热闹的、代代传承的仪式。这个仪式就是在赠送礼物的头一天，人们开始穿着很好的衣服，特别干净的鞋子，满腔热情地把捐赠得来的礼物放进一顶轿子里，然后敲锣打鼓、喜气洋洋地抬到临时搭建的一个会场里集合，诵经祝福。当晚兴致勃勃、载歌载舞狂欢，喜悦的气氛像风一样吹遍城镇乡村，直到午夜。第二天，人们依然神清气爽、穿戴一新地来到会场，排队伴随用轿子抬着的礼物前往寺院。走到寺院前，沸沸腾腾的队

家里有人出家当和尚是很体面的事情

吴哥的僧侣

伍停住了，在寺院外绕三圈才走进去。负责组织的人讲几句简短的话，紧接着就是烧香拜佛仪式，然后由挑选出来的代表把礼物献给寺院住持。此时僧侣们开始诵经，以传统的礼仪虔诚地为前来赠送礼物的人们祝福与祈祷。

赠送仪式结束后，人们依然敲着锣、打着鼓回家，直到第二年加顶节的到来。

送水节

水在柬埔寨文化中象征着生命与生育。送水节在柬埔寨王国的土地上也就成了规模最大的传统节日。内容是欢送水神、地神。因为雨季时节，柬埔寨的大量良田均被湄公河、洞里萨河高涨的水位所淹没。11月份水位退去后才又多出许多田地来，农民耕种有望，丰收有望。柬埔寨人认为这是上天的恩赐，因而以送水节的形式感谢上天。送水节的时间是佛历“佳得”月满月（公历11月），历时三天。这三天，全国上下兴高采烈、张灯结彩、感激不尽地将庆祝活动搞得有声有色，国王、王后和王室成员全都参加。国王还以庄重而又喜悦的姿态亲自主持一些重要的庆典仪式，同时邀请各国驻柬埔寨外交使节在观礼台上观看节日的盛况。

送水节最重要的仪式有三个：放河灯、祭月和赛龙舟。

先说放河灯。河灯是柬埔寨人的祝福之灯。节日期间，湄公河、洞里萨河两岸会突然冒出许多临时塔建的浮宫和观礼台来。浮宫金碧辉煌，观礼台五彩缤纷。河面上则停泊着无数打扮一新、摆着供品的渔家小船。但等明月东升，银光流泻，湄公河、洞里萨河河畔便会响起隆隆的礼炮之声。礼炮声响过之后，放河灯仪式便在王室成员或政府官员的主持下，由高僧领头与人们一起进行祈祷："愿流水把一切病魔和灾难冲走，把幸福与安康带给人间。"

随后，欢天喜地的人们开始往奔流不息的湄公河与洞里萨河放河灯。五颜六色、大大小小、款式不一的河灯在河上令人惊叹不已地顺水漂流。这当中，宫里像小艇一样，并由国王与王室成员以及应邀的贵宾把艇上蜡烛点亮的河灯最美丽了，大家都争着观看。渔民在船上点燃的烛光也不示弱，与明月也与河灯争辉。晚风吹过，河灯飘摇，宛如闪烁的繁星。当河灯无所不在地挤满整个河面时，河里的河灯和岸上的人潮，便迎来了送水节的第一个高潮。愈夜愈美丽。

节日里卖草帽的女子

其次是祭月。祭月仪式在午夜分散进行。王族在王宫里祭月，百姓在百姓家中祭月。王宫的祭月仪式是：国王用早已准备好的圣水浸湿手掌和脸后，用一片绿叶沾水洒在孩子们的身上作为祝福。老百姓家的祭月仪式跟中国中秋的祭月仪式有点相似，也是以水果之类的食物作祭品，点燃蜡烛后向月拱拜，祈求一年好运气。

赛龙舟是节日期间每天下午都要在金边著名的四臂湾举行的竞赛活动，每次都有几十艘龙舟进行角逐。比赛前，全国各地的村民早已摩拳擦掌地把往年

每次都与几十艘龙舟进行角逐

每艘龙舟长约20米，可容纳40~50名身强力壮的选手

存放在寺院里的龙舟搬出，恭请僧侣诵经、祈祷、祝福。然后，木匠与油漆工齐心协力，共同把参赛龙舟维修、打扮一新，还在龙舟上画上一对漂亮的大眼睛才去参赛。有大眼睛的龙舟更加精神和引人注目。每艘龙舟长约20米，可容纳40~50名身强力壮的选手。比赛时，河面百舸争流，河上人头攒动，到处都是欢乐的叫喊与嘈杂，那热烈、生动的场面使人激动不已。划桨声，加油声一阵紧过一阵，一浪高过一浪。一艘龙舟稍稍落后，紧挨着它的另一艘龙舟就会从它的身边疾驶而过。舟前劈开的白浪，泛起奶油般的波涛。那速度，简直就不是划向前的，而是飞向前的。岸上的欢呼声更高了，等到赛出名次，送水节的第三个高潮也就到来了。

这就是柬埔寨的送水节。送水节热烈、欢乐、祥和的气氛，把人们生活中的一切苦恼都冲走了。只是龙舟过处，不留痕迹。

古老的习俗

身着传统服装的美丽新娘

习俗是一种伟大的奇迹，一种难以抗拒的魅力。每个国家、每个民族都有一套极其完整的风俗与礼仪。它最初在很久以前形成，然后日臻完善。它不用法律约束，大家均自觉遵守。熟悉不同国家、不同民族的风俗与礼仪，有助于我们对世界的了解。世上的很多事物都在时光的流逝中改变了，而民俗、民风，这种具有民族性的东西，代代相传下来。

婚　姻

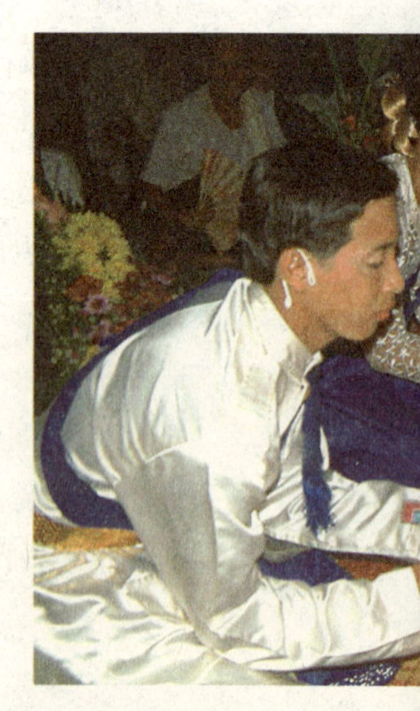

柬埔寨古老的婚姻习俗令人温暖。了解他们的婚姻习俗，可以从中得到一些有益的启迪。柬埔寨实行一夫一妻制，结婚是每个人一生中的生活大事。他们尊重婚姻，绝不轻率离婚。由于具有民族特色的婚姻习俗使每个人的生活变得丰富多彩，他们对待婚姻的态度，也就蕴含着不可思议的传统美德。

在柬埔寨，一个婚姻的开始，通常需要经过物色配偶、请人说亲、商定聘礼、举行婚礼等步骤才能协调、和谐地完成，从而使双方亲

当地人的传统婚礼，场面十分隆重

人感到欣悦。当然，所有这些步骤都是服务于婚姻的完美，服务于婚姻的坚强有力。

柬埔寨地处热带，气候炎热，男孩女孩普遍发育得早，因而有早婚的习俗。就父母而言，他们重视儿女的婚姻，严格要求子女按照传统的风俗说亲完婚，而且想方设法助儿女一臂之力；就儿女而言，他们又享有绝对自由自在、依靠自己本领去寻找意中人、追求美好爱情的恋爱自由。恋爱中的他们尊重长辈，并虚心听取长辈的意见，按照具有传统渊源的礼仪完婚之后，方才成为自然合法的夫妻。

婚礼上，僧侣为新人祝福

通常，那些出家当过和尚还俗的男子明显地优越于那些没出过家的人，他们比较容易讨得女子的喜欢。男女青年在自由玩耍或在共同劳动中产生感情、悄悄地确定了恋爱关系后，男的一方肯定先把消息向父母通报，并恳切地征求父母及家中其他长辈的意见。全家人都同意后，做父母

合影

的就去请求当地有脸面、有交情、家庭又美满幸福的人为儿子当媒人，带上一定数量的糕点、槟榔、烟叶、水果等礼品前往女方家，为儿子提亲。以便及时探得女方家长的口风，征求女方家长的意见。如果女方家长有意，男方全家充满希望，短时间内会委托媒人再带礼物专程前往女方家里求婚、商定聘礼。商量时大家充满诚意，双方同意后，两情相悦的两个年轻人的爱情才算得到肯定，脸上才会露出轻松的、如释重负的笑容。于是，媒人第三次以男方家的身份带上礼物去女方家，态度诚恳地商量婚期。所有的过程，都需要依靠媒人的口头传达。

婚期肯定是选黄道吉日，但又绝对不能选择佛教斋日和逢单数的月份。柬埔寨人对此婚姻之契约，人人均熟悉并严格遵守。通常，日子选定后到举行婚礼的路程还有两三个月的时间，这个时间有的地方就要求男方先到女方家里干活看看，以便观察男子是否是理想人选。男子如果干不好或品行不好，就会受到女方家的奚落，婚姻就此告吹也不一定。这时候，热恋中的男子绝不可能犯傻，因而在女方家接受考验期间，总是非常勤劳、卖力地干活，同时谦虚、礼貌做人，以便赢得好感。这样的一段时间后双方家长都很高兴，最后皆大欢喜。

柬埔寨有“女娶男”的风俗。婚礼多在女方家举行。一切安排妥当，女方家开始着手准备结婚的礼仪。结婚的礼仪妙不可言，它以看得见、摸得着的欢天喜地的可靠方式，代代传承下来。小孩子从学校回家，不需谁招呼，也会聚到举行婚礼的人家去看热闹。不到别人的婚礼结束，他们是不肯回去的。

柬埔寨的传统婚礼习俗一般要进行三天，这三天一切都要虔诚，要合乎礼仪，场面十分隆重。通常第一天为“入棚日”，新郎进门；第二天为“正日”，举行缠线仪式，双方家人将线缠在新婚夫妇手腕上。第三天为“拜堂日”，表示两心相连。其过程有“睡米”、“凿齿”、“牵衣角”、“收草席”等诸多仪式，还有请来的和尚为新郎新娘诵经祈福。有的人家还请人弹奏各种各样的美妙乐器，唱许多好听的歌曲，喜悦的曲调和曼妙的歌声，把婚礼推向一个又一个的高潮。像中国人的婚礼一样，柬埔寨的一对新人结婚，男女双方的亲朋好友、邻里乡亲也都纷纷前来，表示祝贺。

举行婚礼时，各种各样的礼法一项一项有条不紊地进行，一

婚礼上

对新人由此进入一生难忘的喜悦与美丽，都有把对方深深镂刻在心里的幸福美好之感。等到婚礼结束，魂牵梦萦的一对新人也就踏上婚姻的旅途，做丈夫的承担丈夫的责任，做妻子的履行妻子的义务，从此安居乐业，生儿育女。

随着时代的变迁，柬埔寨人的传统婚礼已经逐步简化，时间上更是大大缩短。许多人在举行婚礼时都由原来的三天改为现在的一天了，但仍保留了许多古老的婚姻仪式与古老的婚姻观念。他们对婚姻大事仍持相当慎重的态度，任何一个人几乎都会看不起离婚的人。因此，谁也不会轻率鲁莽地离婚，柬埔寨的离婚率一直很低也与他们传统的婚姻观念有关。按照有关法律规定，离婚必须有相当充分的理由，而且经过调解无效之后，才能离婚。

我很赞美柬埔寨人对待婚姻的慎重态度，这种态度在当今世界真的是难能可贵的。

丧　葬

信仰小乘佛教的柬埔寨人相信人的生死是一种轮回，因而把死看成是一个生命的结束与另一个生命的开始。当死神将降临到某一个人的头上，给他带来冷飕飕的寒意时，其家人便会去请和尚

来家里念经，为即将离世的这个人进行临终祈祷。当这个人生命的最后时光在和尚的诵经声中一点点地耗尽，心灵与肉体不再在苦海中挣扎，其家人便按风俗在他（她）的床头点燃一对蜡烛，同时把一枚银币或一枚戒指放入他（她）的口中。意为人死万事皆空，连一枚银币也带不走。

有丧事的人家，通常要在门外插一面白色的三角旗作为标志 。这个标志的含义就所有柬埔寨人而言清清楚楚、明明白白。

柬埔寨的佛教徒死后实行火葬。火葬一般在静静的午夜进行，地点通常是寺院的焚尸阁。火葬前的第一步是用香水按有关习惯程序把尸体洗得干净圣洁，为死者穿上传统的白色寿衣，然后用白布将其包裹严实，用5条白绳把尸体捆紧，最后才放入棺材。

整个出殡仪式庄重、肃穆、神秘。由一位年老的和尚领头，打着旗幡引路，奏着鼓乐开道。当葬礼的行列穿过黑夜，身着孝服并披一条白布的孝女紧随灵柩之后，像中国汉人在葬礼上抛洒纸钱一样沿途抛撒炒米。灵柩抬到寺院并安放在火葬坛上时要把死者的头部轻轻地朝向西方。一切准备就绪，和尚在灵前诵经，用法水点洒遗体，最后用五香木点火焚尸。与此同时举行孝子削发为僧的仪式。按照柬埔寨的习俗，孝子在葬礼上削发当和尚，是报答父母养育之恩的良好表现。

当火葬的烟雾与五香木的气味渐渐消散，消散在夜间的云雾里边时，尸体也就焚烧完毕了。此时，为死者举行的“换身”仪式立即开始，这就是在死者的骨灰堆上画一个头部朝东的像。佛教徒认为，头部朝西象征死亡，头部朝东象征诞生，“换身”仪式就是祝福死者早日投生。

火葬结束后，死者火化后留下的牙齿、骨头等，被柬埔寨人用来充当护身符。所有参加火葬仪式者，都可以从死者家属那里领到一份作为纪念。

姓名和称呼

柬埔寨人一般是姓在前名在后。贵族继承父姓，平民则以父名为姓，也有以祖父的名字为姓的。柬埔寨人名的音节多少代表其地位的尊卑，贵族的名字较长，平民名字多是单音节。柬埔寨人打招呼除行“合十礼”外，彼此称呼时通常不称呼姓，而是直呼其名。不同的是在名字前加上一个表示性别、长幼、尊卑的词。比如，祖父辈叫孙子，就会在名字前加“召”（意为孙儿）；叔伯辈叫侄子加上“克梅”（意为侄子）；同辈男子之间要加“邦”（意为兄长）。这样打招呼显得十分礼貌，很有亲和力。

再艰苦的生活，也有如花的笑容

禁忌与避讳

每个民族都有自己的禁忌与避讳。俗话说入乡随俗，了解柬埔寨的禁忌与避讳对你的柬埔寨之行很有帮助。

柬埔寨的人家，如果老少同居一室，则晚辈的床铺一定要低于长辈的床铺，以示尊敬；任何人都不可以把脱下的裤子悬挂到别人头部的上方，这是最起码的礼节；吃饭、递东西必须使用右手，因为柬埔寨人把右手看得很圣洁，把左手看成是不干净的，用左手给别人盛饭或递东西就是无礼；柬埔寨人很不愿意自己的头被摸，所以千万不能摸大人或孩子的头；进寺庙烧香必须在寺庙外把鞋脱掉，进寺庙后绝对不能把脚掌冲着佛祖，当然也不能冲着别人；一般情况下，妇女不能进入寺庙，否则会被视为亵渎圣洁之地。

另外，由于战争的影响，战争期间在柬埔寨留下的地雷还没有排完。所以你在柬埔寨旅行时如果临时需要“解手”、“方便”，见到周围冷冷清清，安安静静，杂草灌木乱生，又没有成年人在那里劳动或小孩子在那里奔跑游戏，甚至，在那里你连一头耕牛都没看到，那就很可能是战争期间留下的雷区了。记住：千万不可以越雷池一步。

以颜色区别的七彩星期

柬埔寨有“七彩星期”之说。这是一种古老有趣的风俗——用服装色彩表示日期。即星期一穿嫩黄色，星期二穿紫色，星期三穿绿色，星期四穿灰色或浅蓝色，星期五穿青色，星期六穿黑色，星期天穿红色。用颜色勾画出一个星期的七天，这是柬埔寨才有的独一无二的美丽。

□ 盛装的青年

一个星期的每天都具有色彩的形态，一是为了美丽，二是为了及时唤醒人们对星期几的记忆。这不仅表示柬埔寨人心灵的绚丽多彩，同时也说明了柬埔寨人对生活的美好追求。这七天的颜色全都从自然的景色中捕捉而来，协调而完美。一种颜色一个个性，一个个性一种追求。

手工织机

有颜色的日子是美丽的，生活需要美丽的色彩。人类从诞生之时起，便有许多数不清的压力。七彩星期从某种意义上来说，把这种压力缓解了，把生活变成了令人陶醉的彩色风景。柬埔寨的七彩星期虽然经历过无数的战争，如今，它美丽依然。

柬埔寨常年气温高，穿着通风、透气、舒适，是人们衣着追求的目的。传统的“七彩星期”习俗，为人们衣着舒适这件事增添了一言难尽的美丽。在柬埔寨，占人口绝大多数的高棉族的典型传统服装是制作简单的“纱笼”和“桑博”。“纱笼”和“桑博”的制作理念就是简单舒适。人们穿着“纱笼”和“桑博”柔美、曼妙地走在风中的路上，是一件很愉快，也很惬意的事。“纱笼”和“桑博”轻轻拍打着行走者的脚跟，似乎没什么声音。但是忽然有风吹来，“纱笼”和“桑博”便在人的身上一起一伏，发出像歌唱一样的、令人意想不到的声音。那风忽然疾去，穿在人身上的“纱笼”和“桑博”复又自在飘逸、悄然无声了。

通常，男子穿的“纱笼”也不需要什么特别的剪裁，更无需手工复杂的缝制。当地人扯数尺横幅棉布或丝绸回家，把两边缝合起来即成外来人看上去像长裙，柬埔寨人则称为“纱笼”的柬埔寨传统男性服装。“纱笼”的宽度一般在1~3米，穿着非常舒适方便。柬埔寨的男人穿上“纱笼”后，通常在上身配一件对襟衣服或

传统的手工织布工艺

圆领衬衫。这样往门外一走，就是极具东南亚风情的柬埔寨男人了。

体态匀称的柬埔寨妇女，上身穿的对襟无领短袖衫常常以白色面料做成。她们之所以喜欢白色，我想是因为白色不容易吸收阳光、穿起来凉快的缘故。她们下身穿的长裙在柬埔寨人的眼中叫“桑博”。“桑博”的制作方法与穿着方式跟“纱笼”一模一样，只是颜色更为绚丽多彩，所以有“七彩星期”之说。七彩星期给人以眼花缭乱的美好展示。有的妇女还喜欢在颜色斑斓的“桑博”上配以金色、银色的腰带作装饰，更显得风情万种。许多平常的日子，就因为七彩星期的美丽而显现出它的不平常来。无论是在家中打理家务，还是在外面耕耘收获，以七彩星期着装的柬埔寨女子，都知道怎样把日子梳理得平平展展、温暖柔和，这是柬埔寨女子的美德。

街头市民

在柬埔寨，还有一种被人们称做“干曼”的古老服装，这种服装是柬埔寨古来有之，至今依然的礼服。这种礼服是传统庆典活动与正式场合下的专用礼服。此时，出席庆典的人们不再穿着平常的“纱笼”，而是约定俗成地穿起了“干曼”。“干曼”以锦缎“干曼”最为考究、富丽、高贵。据我所知，“干曼”这种古老的服装，只是一幅八九尺长的锦缎或棉布，也不缝合制作，直接系在腰上就行。王室成员与高级官员仪表端庄地穿上锦缎或棉布“干曼”，在传统的庆典活动或正式场合下出现，显得特别高贵、庄重、大方，其特有的东南亚风情一览无余。这就是无论别人从前面还是从后面端详，整个服装的形状都像极了鱼的尾部。再加上他们浅棕色的皮肤，穿上“干曼”后更给人以不同寻常的感觉。

被当地人称做“嘎玛”的传统方格“水布”，是柬埔寨人不可缺少的随身物品，无以度量。水布为长方形，棉质。通常的规格是长150厘米，宽80厘米左右。儿童用的水布因人矮个小，自然要稍小一些。所有的水布均用红、白、蓝、绿等颜色的棉纱按照古老而又美丽的格调织成，中间是颜色各异的、田园式的方格子，两端织有10多厘米长的条纹或水波纹图案。收口处有的直接收拢，有的还留出一截长10多厘米不等的线头结成穗状，作为水布装饰。

柬埔寨男女老少随身佩戴之物必有这好看的水布，它既实用，又美观。其佩戴方法多种多样：披在头上，可以遮阳；盖在身上，预防着凉；盘在头上，充当顶物的垫子——柬埔寨人习惯用头顶载物；围在颈部、搭在肩上、系在腰间，则作为美丽的一种装饰；同时还可以充当汗巾、“纱笼”、吊床等物品使用。有朋自远方来，水布大大方方，又成了人们馈赠亲朋好友的美丽礼品。

琳琅的手工制品店

我一路走一路打量着把水布佩戴在不同身体部位的柬埔寨人，发现水布像花儿一样盛开在他们的身上。水布既给柬埔寨人的生活带来了方便，又给柬埔寨人带来了巨大的精神满足。到柬埔寨旅游，买几条水布送给朋友是很有意思也很美丽的纪念。当然，买点柬埔寨的银器、银首饰也不错，其造型与西藏的饰品有点相似，价格是中国国内的一半左右。

在柬埔寨的城市乡村旅行，占族人具有明显穆斯林特点的服装同样映亮了我的眉眼。迎面而来的这两个男人，穿着与高棉族“纱笼”差不多的长袍，一个戴白色无檐帽，另一个戴黑色土耳其帽，一看便知是柬埔寨的占族人打扮；而占族人的女子，最主要的衣着特点是披着头巾。

世上的事情总是随着时代的变迁而发生一些变化。时代的发展同样使柬埔寨人的衣着打扮有了一点小小的改变。这个改变是不知不觉、令人耳目一新的。特别是女性，女性的穿着似乎在各国都引领着时代的潮流，展现的风格多种多样，绚丽多姿。城市里面，柬埔寨人穿着西装革履出现在公共场合的现象也已越来越多，年轻人则非常时尚，他们高兴地穿上了T恤衫、牛仔裤。就是在乡村，像外来人一样穿起长衣长裤到田野里劳动的农民也渐渐增多。但是在家里，特别是在柬埔寨传统节日与家里办大事期间，柬埔寨人依然爱穿

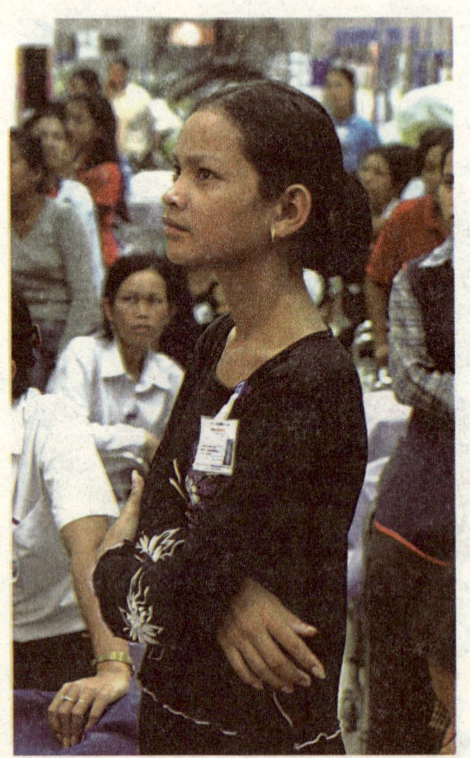

少女

他们的传统民族服装——“纱笼”和“桑博”，其东南亚风情纯洁、悠闲的美丽再度得到魅力无穷的展示。

一年四季，柬埔寨人不论男女都喜欢佩戴品种繁多、款式漂亮的装饰品，其美好的姿态达到令人不可思议的、心醉的地步。女性还特别喜欢用色彩鲜艳的颜料把手足涂得鲜艳美丽。当地人都说，这是婆罗门教留下的风俗。

相遇

我是作为一个旅行者去到柬埔寨的。可当我即将离开柬埔寨的时候，我发现我已经爱上柬埔寨了。柬埔寨是如此可爱，光是穿衣打扮就已让我眼花缭乱，令我着迷。而用服装色彩表示日期的七彩星期，更是深深地燃起了我爱美之心的欲望，让我身心沉醉。

一个星期七种颜色，这是生气盎然的魅力，也是精神永恒的美丽。

吃掉“杀人狂”及其他

怎么办？吃还是不吃？怎么吃？这令人恐怖的“杀人狂”！

这是一个比较复杂的问题，必须迅速拿定主意。我旁敲侧击地问朋友，“杀人狂”是什么东西，朋友笑而不答。盛情之下走掉是不可能的，暗想吃掉“杀人狂”听起来是有点恐怖，相信也不至于恐怖到令人毛骨悚然的程度吧。我开始安慰自己，故作镇定地与旁人高谈阔论，同时久不久侧目望向窗外，看柬埔寨亭亭玉立的棕榈树在风中摇着阔大绿扇的模样。

柬埔寨地处亚洲大陆文化交汇处，各国风格迥异的饮食文化亦在这里交替交融。柬埔寨传统的饮食文化虽说依然如故，但从某种意义上来说，受到的影响与冲击不小。比如，柬埔寨人今天喜欢食用的面包，就是法国人在柬埔寨国土上留下的印痕。在连风中都弥漫着各国饮食文化空气的柬埔寨，你可以很快找到绝对正宗的、令人眼花缭乱的各国菜系：中国菜、越南菜、菲律宾菜、泰国菜、日本菜、法国菜、印度菜、意大利菜等。当然，柬埔寨本地菜在柬埔寨肯定是主流，而且菜谱甚丰，香气诱人的佳肴五光十色。

□ 金边美食多

柬埔寨菜口味偏重，但酸辣味并不明显且甜味较浓。柬埔寨人以素食为主，其次是河鲜、海鲜。河鲜和海鲜是柬埔寨人获取营养蛋白质的主要途径，同时也是外来游客补充体能的主要食物。在各种遍布城市的餐馆中，以柬埔寨货币瑞尔标

暹粒旧市场

金边的路边排档

价的菜较便宜，但只卖给柬埔寨当地人；以美元标价的菜稍微贵一点，这是卖给外国游客的。一份菜2~10美元不等，一般是3~5美元。柬埔寨主要的地道风味菜有：水煮咖喱椰汁鱼或鸡、地道酸汤、粉丝沙律、杂式火锅、椰子与香料熬成的去骨鱼汤等。漫步城市街头，柬埔寨的风味小吃也不少。金边粉、椰汁水果马蹄糕、椰汁黄豆竹筒饭、鱼蛋肉丸串烧、各式各样的烧饼、扎肉肠、凉粉、芝麻、椰汁及多种搭配混合的冰糖水和炸青蛙等。水果就更多了，售价与中国国内差不多，不过要到超市买。

因为临窗而坐，又正好看得到出菜口的缘故，我不时朝那里凝望，萦绕在心间的始终是“杀人狂”、“杀人狂”这个词。已经有些菜陆续上到餐桌上。最先上来的菜是汤里有土豆、洋葱、巴旦杏、香料和少量肉的咖喱汤，还有鱼酱牛肉和一串我不认识的什么昆虫串。昆虫串在柬埔寨像羊肉串、牛肉串在中国流行那样流行。柬埔寨人普遍爱吃昆虫，昆虫餐随处可见，而将蜘蛛做成菜更是柬埔寨老少皆宜的美食。昆虫这种小东西还是小孩手中的可爱玩具，

男人汽车、女孩房间中好玩的摆设。只那“杀人狂”迟迟不上，变得更加神秘。东道主望眼欲穿地催促服务员，“杀人狂”怎么还没上来？服务员大概回答着很快就上，东道主开心地笑了。

酒是我渐渐喜欢的好东西，加上天气又热，我一口气喝了差不多一听产自西哈努克市的吴哥啤酒，解渴得很。不过，柬埔寨的酒水很贵，我没有再开第二听。在柬埔寨，饮料大约1 美元一听，啤酒的价格更是不菲，一听啤酒一般要3~5美元。瓶装的啤酒和扎啤相对而言稍稍便宜一点，但仍比中国的售价要贵。

见我去夹通体透明的冰块吃，朋友遂向我进行实况通报：金边的冰块用纯净水制作，尽可吃个痛快。步出金边，就要克制一点了。因为冰块的质量在金边以外的地方不一定能够得到保证。又说金边的冰块之所以有保证，完全是因为金边的餐馆生存取决于冰块的质量。

市场上有许多奇怪的小吃，其中炸蝎子是当地人最爱的一种

说话间一盆被称做高棉米粉的咖喱汤米粉香气袅袅地登场了。朋友盛情说，到柬埔寨不吃高棉米粉等于没来柬埔寨。于是大家举筷，还真是唇齿留香呢。

时光慢慢过去，“杀人狂”在大家热切的一顾一盼之间，终于浓墨重彩地隆重登场。餐桌上一片掌声和赞叹。原来，这是一道富有浪漫色彩的、色调与味道相当不错的柬埔寨名菜。它来时超凡脱俗，一派丽质天生的俊俏模样，极碧绿、极鲜明地映衬在有花边的盘子和铺着桌布的桌上，十分美好地唤起人强烈的食欲。虽然尚未动筷，其醉人的香气已经扑鼻而来。我凝望着它，却猜不透它绿色芭蕉叶里究竟包裹着怎样的美食，有着怎样的迷人风采。

朋友朝我莞尔一笑，招呼大家快动筷子。我开始意动神摇，食欲顿生。“杀人狂”这么美好，这真出乎我的意料，吃掉它真是太可惜了。我忘了是谁第一个无所约束去吃“杀人狂”的细节，只记得自己被它诱惑而享用时的美好。你只要把那绿绿的芭蕉叶子剥开，轻轻地咬上一小口里面的鱼肉，就能把人香死！原来，它是将煮熟了的鱼加椰子汁，包在碧绿清香的芭蕉叶里的、香喷喷的美食。天下好吃的美食很多，但吃下去能使人感到周身舒服、精力充沛的菜还真不多呢。看到眨眼间就被大家吃得差不多的“杀人狂”，我真诚而礼貌地表示了应有的感谢。只暗想这道菜名也起得太玄虚了点，让人曲解得离奇，且吓得不轻。

人在旅途，常常因为一点小小的误会而失去一道美丽的风景，这真不划算。如果自己能在误会到来时控制住自己，人生岂不多出许多美好？一如我在领略“杀人狂”前的误会那样，最后多出许多美好回忆也未可知。

“杀人狂”这道菜在柬埔寨遐迩闻名，许多场合都有它。吃掉“杀人狂”，感觉相当美好。

千年等一回

在柬埔寨旅行，有机会到柬埔寨人家做客，特别是到柬埔寨农村人家做客，那感觉还真是千年等一回的浪漫。整个身心浸润在浓浓的喜悦之中不算，说不清的神秘还将你深深包围。

柬埔寨的农村，至今依然保持着比较传统的、规规矩矩、不急不忙的生活习惯。由于四季湿热，他们一天的工作大都是在空气十分新鲜的清晨至阳光直射脑门的中午之内完成。午饭后就是平静而恬淡、简朴而悠闲的休养生息了。下午视心情和体力而定，可休息或干一些简单的农活。缺电的夜晚，乡村里也没什么热血沸腾的娱乐活动，村民便早早安歇。最多也就站在干栏式建筑深深的遮阳檐下，眺望天空、星星和树林。稍晚一点，大家回屋睡觉。

屋前设固定的扶梯上上下下

他们居住的村庄，大都顺着洒满阳光的河流和公路沿线发展。多数住房属于高脚屋，也叫干栏式房屋，一般建在1~2米高的木桩或竹桩上。建筑时用竹子或木头为柱梁搭成小楼主体工程，剩下的细节就是在屋顶盖上烧过成型的瓦片、植物的茎秆或茅草，在客厅、卧室和厨房之间的墙壁用树叶或木板隔开，以篾条编织的席子做地板，屋前设固定的扶梯上上下下。

在暹粒通往洞里萨湖的路上，沿途几乎都是这样的房子

在暹粒通往洞里萨湖的路上，沿途几乎都是这样的房子。不同的是有的建得高大、宽阔、气派一些，有的建得低矮、狭窄、简陋一些 。这样的房屋对于气候湿热、雨季常有洪水泛滥，丛林草莽又常常有大胆、凶恶毒蛇出没的柬埔寨来说，实在是太适宜了。上层饮食起居，远离洪水、毒蛇的侵犯；下层圈养牲畜、堆放农具和杂物，通风、透气，于环境于人都很实际，无懈可击，因而代代传承下来，为它命名干栏式建筑。

干栏式民居的四周，通常是农家赖以生存的果园和菜园，有的则掩映在高高的椰子树或芒果树稠密的绿荫与悄悄的静谧之中。一座又一座的干栏式建筑连成一个个大小不一的村庄，一个村庄与一个村庄之间又有各种各样不同宗教的宝塔、寺庙和神殿错落其间，风光很是浓厚、迷人。停车走进其中任何一个村庄或一间屋子，都有踏入某幅风景画面的感觉。阳光从天上直射下来，柬埔寨有些空旷的村庄，更添了几分神秘的妩媚和妖娆。

柬埔寨是世界上著名的水稻产地之一，洞里萨湖及周围平原一带则被誉为鱼米之乡，这是柬埔寨人的福音。因此，大米和鱼类是柬埔寨人多么充满希望的主食。在柬埔寨的农村，大多数的人家都还保持着传统的饮食习惯，保存着祖祖辈辈留下的瓦锅与椰勺。通常在炊烟升起的时候，他们用瓦锅烹煮米饭，用土锅熬制传统汤汁。他们喜欢吃素，常常将茄子、瓜类、椰果等各种食物混合着煮在一起，再在食物里加入薄荷、胡椒、生姜、柠檬和早已制好的鱼露等调料，然后用小火烧开，用文火慢慢炖出浓浓的香气，一锅几乎是人人喜欢吃的家常菜就算是做好了。

鱼虾是柬埔寨人经常食用的一道荤菜，也是他们获取蛋白质的主要途径。因为气候炎热，把鱼做成开胃爽口、老少皆宜的酸辣鱼汤是每户人家的绝活。做法是将酸菜和鱼虾洗净混合在瓦锅里一起煮，当然，适当的水是必不可少的，再加上一些香料，味道十分鲜美可口，令人馋涎欲滴。

安静的水上生活

在柬埔寨，米粉香汤、鱼酱牛肉、椰子汤、调味汁、咖喱汤和咖喱米粉也是人们常常食用的几道特色食谱。无论是在饭店用餐，还是在农家做客，只要餐桌上有这些食物出现，千万不能错过。米粉香汤是柬埔寨的特色汤，主料是高棉米粉、蔬菜和压得烂烂的小柠檬，味道十分特别；鱼汤里同样有压得烂烂的小柠檬；传统的椰子汤做法很不一般，主料是什锦蔬菜、捣得碎碎的大米，做好后可选择是否加肉；咖喱汤跟中国国内吃到的差不多，也有土豆、洋葱、香料，柬埔寨的咖喱汤则多了一样东西，这就是巴旦杏，做时也可考虑是否加肉的问题。

洞里萨湖的渔民只要撒网就有收获

柬埔寨的农家人开饭时，往往在屋子那个既是客厅也是餐厅的中间摆上一个大木盆，木盆里装着大小不一的碗、盘，另外还有一份净水放在旁边。一家人团团围坐在铺好篾席、摆好饭菜的地板上用餐，其乐融融。大人小孩均以大碗盛饭，以盘盛菜，以右手抓饭入口，就着食物喝汤，不时把手放到清水里涮涮，很有一些情趣。饭后再来点水果则是柬埔寨人由来已久的养生习惯。他们经常食用的水果相当丰富，当然，主要是产自本地的热带水果。比如：香蕉、芒果、棕榈果、番木瓜、菠萝蜜与红毛丹等。

柬埔寨的小吃多

到柬埔寨人家做客，了解柬埔寨人的一些交往礼节是必须而又不可疏忽的，而且在一定程度上还要使用得当、亲切和谐，才能在关键时刻不至于讲出或做出什么有失礼仪的事情来。柬埔寨是历史悠久的文明古国，又是一个佛教国家，他们在表达感情时非常注重礼仪，这种礼仪与中国的礼仪有明显的不同。见面打招呼行“合十礼”是柬埔寨的传统礼节，这种礼节极富魅力。做到十分优雅的时候，也是处世为人极其精湛的时候。

“合十礼”即以优美的古风礼法，面带微笑、恭恭敬敬地双手合十，指尖朝上，口说“三拜”表示问候和尊敬。

行礼的过程很有讲究。首先，行“合十礼”时应恭恭敬敬地哈腰低头，目光端正，态度虔诚，双手合十放于胸前，这样方显得谦卑有礼。另外，行“合十礼”时还要根据对方地位、身份的不同而选择不同的行礼规格。一般来说，行礼时对方的地位越高，自己合十举起的手掌位置就越高。当然，再高也不能将合十的手掌举过头顶。如果是街坊邻里之间、政府平级官员之间行“合十礼”，本着互相尊重的原则，双手举至胸前即可；下级向上级行礼，合十手掌的指尖举至嘴唇较好；百姓见到官

莲花朵朵，娇红娟绿

讲述吴哥故事的人

员应将合十手掌的指尖举到鼻端才算礼貌；子女向长辈、学生向老师行礼时合十手掌指尖举至眉目以示尊敬；百姓有幸见到王室成员或高僧时，通常应当跪下或蹲下来行“合十礼”。“合十礼”不仅在见面时使用，告别时也一样使用。

行“合十礼”时口说的“三拜”，则内蕴着古人传下的优良人文精神。不同场合的“三拜”代表不同的含意。婚礼上夫妻之间的“三拜”，大意是新人成婚要互相尊重、互敬互爱；拜见师长行“三拜”礼，是弟子对于老师的感恩之情；向别人道歉时的“三拜”，则是请求原谅的意思。

在到达柬埔寨的农家做客前，我一遍遍学习柬埔寨传统的“合十礼”。同时想到在落日掩映的干栏式建筑上轻轻走动的自己，非常开心地在房间笑了起来。我甚至看到柬埔寨人家摆放在那个既是客厅，又是餐厅的房子中间的瓦锅和满满一锅茄子、南瓜、椰果等各种食物混合着煮熟后升腾起来袅袅热气，我还闻到了添加在食物里的生姜、薄荷、胡椒、柠檬、鱼露等散发出来的清香以及在棕榈叶隔成的房间里闻到棕榈的那种味道，心中涌起了一种新鲜感和亲切感。

我知道我将恪守敬意，忠诚地以他们的生活习惯循规蹈矩地用右手抓饭入口。右手，我无数次地提醒自己务必注意。因为柬埔寨人把右手看得很圣洁，认为左手不干净。因此，用左手是犯忌的，递东西给人和与人握手也必须使用右手，否则就是犯忌，就会被视为无礼。

在中国，用手抚摸小孩的头部有亲切、关心之意，在柬埔寨绝对不能碰任何人的头。碰别人的头跟在公共场合或家里用脚尖指着别人一样，也是非常没有教养的无礼的行为。如果旅行期间要进寺庙烧香拜佛，一定记住在寺院外面把鞋脱掉。否则就是亵渎神灵，就是对柬埔寨人的不尊敬、不礼貌。宗教信仰需要绝对的忠诚，神灵的存在不是一般人的智慧就能解释得清的。

进寺庙后不乱拍照是每个游人应当严格遵守的规矩，拍摄和尚的照片，更要在事前征得其同意，否则自找麻烦。通常，女子不得进寺庙，女子进寺庙是亵渎圣洁之地。我想我虽然喜欢寺庙，但是入乡随俗，在柬埔寨农家做客后再有时间，也要挺住到寺庙里去看看的好奇之心。

敲门声响了，我知道我到柬埔寨人家做客的时间到了。打开门，远处是几个观望的小孩，来接我的是两个看上去年岁比我大10多岁的女子，我脱口用刚刚学会的柬埔寨语叫了声“米”，对方早已笑逐颜开。

如此美丽的情景，千年等一回，也不知道是醒是梦。

好奇的男孩

第四章　岁月的厚度

在长达几百年的建设中，数百座气势磅礴、充满魔力的雄伟建筑拔地而起，其不可思议的雕刻工艺与雄伟的建筑浑然一体，堪称天下奇观。

吴哥王朝创造的吴哥文明——吴哥的微笑

凝看吴哥

跨越时空的阻隔凝看吴哥，我从现代社会一下就抵达了吴哥王朝创造的吴哥文明。吴哥Angkor一词由来于梵语Nagara，意为都市。

吴哥王朝留下的吴哥古迹，与中国的万里长城、埃及的金字塔、印度尼西亚的婆罗浮屠并称古代东方的四大奇迹。

吴哥古迹由大小600多座雕有精美石刻浮雕的建筑物和许多宏伟壮丽的宝塔构成，牧歌般地散落在吴哥地区方圆45平方公里的热带森林里。其建筑艺术与雕刻艺术之雄伟庄严、璀璨夺目、浑然天成，令人惊悚。吴哥距首都金边约320公里，位于洞里萨湖之北的暹粒市附近，是公元9至15世纪柬埔寨史上吴哥王朝的都城。始建于公元802年，完成于1201年，历时400年，为吴哥王朝历代国王陆续修建，亦为吴哥王朝400年建筑与雕刻成就的形象概括。“暹”是前泰

国的简称，而“暹粒”则是战胜暹人的意思。

1431 年，暹罗军队入侵，吴哥遭到浩劫，损失惨重，王朝被迫放弃吴哥迁都金边。从此，骄傲的吴哥与世隔绝，被人遗忘，在柬埔寨的丛林中沉沉睡去。直到公元 1858 年，法国探险家亨利·穆奥冒险闯入莽莽森林，吴哥古迹才又从周围自然森林的湮没中“脱颖而出”，蜚声海外，盛传至今。吴哥古迹亦给亨利·穆奥带来了巨大的声誉，使鲜为人知的他留名史册，传诸后世。

这是一个黎明的早晨，黑夜把露珠抛撒在年轻亨利·穆奥脚下的身后，把年轻亨利·穆奥探险的疲惫抛给森林，只让晨曦去映亮年轻亨利·穆奥闪亮的眸子。他看见《真腊风土记》里记载的梦一样的景致，在柬埔寨丛林的怀抱里突然醒来。那是五座巨大无比、高耸入云的莲花蓓蕾般的石塔，在朝霞中与他一起领受林中的第一缕阳光。阳光映红了他惊愕、惊异、惊喜、惊叹的脸，更映红了那五座美丽、美观、美好、美妙的莲花蓓蕾般的石塔。他以为他在梦里，他的嘴巴张成一个大大的、大大的“O”型，眼睛睁得无限大。尔后，吴哥建筑与雕刻给他心灵与感官带来的巨大刺激，使他发疯似

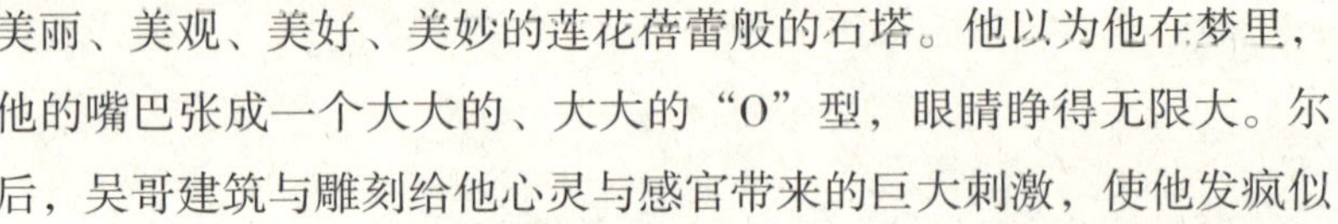

的在吴哥力量强大、优美多变的建筑群中又喊又跳，将附近的鸟儿惊得在吴哥高耸的塔楼和尖顶的上空飞来飞去。随后，他深沉地停止了他狂喜的奔跑与叫喊，以雕塑的姿态凝看吴哥。

吴哥气势磅礴，充满活力、旋律、节奏、内涵与意蕴等建筑与浮雕力量的美妙，一下子

吴哥窟图书馆遗址

撞击着、丰富着他早已被深深震撼的内心。他满怀喜悦、崇敬与柔情在考察吴哥的日记中写到："在看到这些塔尖的一刹那，我感到心在战栗。此时，你除了能够怀着敬慕的心情默默地凝视外，你没有办法再组合一个词去赞美这建筑史上奇妙的景物了……"

他在这浩大的工程里疾走，他在潮湿的廊道里停留，他发现除了唯美还是唯美的吴哥古迹，包括吴哥通、吴哥窟、巴戎寺、巴肯寺、茶胶寺、圣牛寺、豆蔻寺、比粒寺、圣剑寺、龙蟠水池、空中宫殿、女王宫、东池、西池、北池等数百座处处布满石刻浮雕的、巨石砌就的神殿和寺庙群体。整个吴哥古迹规模宏大，意境高雅，处处显示出复杂、生动、高贵、静穆、庄严。

他不再在这里停留，他马不停蹄地返回他的祖国；心怀让无与伦比、无法超越的吴哥古迹传遍环球的良好愿望，

使他极冲动地向媒体宣布了他在东南亚热带丛林里所见到的一切神秘奇迹。可是，竟然没有一个人相信他的叙述，还当他是个疯子，表情冷漠地看着他。他的心灵受到了严重的创伤。他沉默无语，每天都被不可名状的惆怅与无奈深深缠住。最后，他只能心灵悲哀而又目标明确地收拾行装，独自重返神奇的、拥有吴哥古迹的热带雨林。同时一路收集他潜心研究的昆虫标本，特别是蝴蝶标本。只是，年仅35岁的亨利·穆奥在返回丛林不久，就因身体的严重劳累和体能的极限透支而在1861年11月10日去世。不幸中万幸的是，亨利·穆奥用热血与生命考察吴哥写就的《环球游记》，一年多后终于在世界引起多方关注。吴哥古迹，盛传至今。

乍一看，被历史湮没的吴哥古迹是法国探险家亨利·穆奥发现的。的确，亨利·穆奥为发现吴哥古迹献出了年轻的生命。但这，仅仅是亨利·穆奥为吴哥古迹再度在历史的大道上阔步前进而树起的一块里程碑。因为亨利·穆奥之所以能发现吴哥，完全得益于来自中国元朝外使周达观的《真腊风土记》。周达观与历史上著名的马可·波罗生在同一个时代，自号草庭逸民，浙江温州永嘉县人。

长在寺庙墙上的千年古树

元成宗元贞年间，周达观奉命随元使“招谕”真腊（今柬埔寨），一路风雨，次年抵达。历时一年多后返回中国本土，所见所闻，无法忘记。遂夜夜挑灯，写下曾经风靡一时的《真腊风土记》。

19世纪初叶，满怀好奇之心的西方人在认识中国历史与文化的同时，也认识了极其遥远的、似乎已经神秘消失的、举世

在废墟中阅读往日的辉煌

闻名的吴哥王都。1819年，法国汉学家雷米查最早将中国周达观的《真腊风土记》译成法文。因为史无前例的畅销，后又连续再版三次。无意中读到《真腊风土记》的探险家亨利·穆奥在深感震撼的同时，非常渴望通过自己的科学探险来揭开吴哥王朝的神秘面纱。

《真腊风土记》记载的吴哥王朝

1858年10月，激情燃烧的亨利·穆奥开始了他最终倒在吴哥探险路上的探险生涯。他从法国起程，经曼谷抵达柬埔寨后，更艰难、更需要勇气的冒险探秘之旅开始了。1858年1月22日，亨利·穆奥来到暹粒境内的一个村庄。村里人的生活习俗与说话的音律让他着迷而又强烈地感到，他离《真腊风土记》记载的吴哥王朝已经不远。他的整个心灵，均被《真腊风土记》里记录的吴哥王朝的壮丽所包围。大约是他进入莽莽森林的第五天，他的向导再也不肯和他一起往更深的丛林里去。他言辞恳切地说服了他们。他感觉得到，渐渐稀疏的林木，使周围的一切愈发神秘，同时使他离吴哥王朝也许只是一步之遥了。而当脚下出现排列整齐的石块路时，吃惊不已的他，早已陶醉其中。他觉得他不是走在探险的路上，而是走在古代文明的路上了。一股又一股强烈的喜悦之情在亨利·穆奥的心中汹涌澎湃之后，吴哥文明终于在黎明时分以红光万道的状态，在他眼前呈现！

这是他一生难忘的一刻。这一刻他失去了时间的感觉，仿佛时间停止了、消失了，视觉与心觉，唯有吴哥。

吴哥文明，何等灿烂，何等辉煌！

东方奇迹

巴肯山上巴孔寺遗址,建筑用的石头,最大的有8吨重

东方奇迹吴哥，在公元9至15世纪时曾是柬埔寨的王都。如果不到这里瞧瞧，就算你有天大的想象力也难以想象吴哥辉煌壮丽的模样。如今，吴哥是柬埔寨最著名的旅游景点，也是世界遐迩闻名的旅游胜地之一。吴哥位于暹粒省境内，距暹粒省会暹粒市约5公里，距首都金边约320公里。始建于802年，完成于1201年，前后历时400年。在长达几百年的建设中，数百座气势磅礴、充满魔力的雄伟建筑拔地而起，其不可思议的雕刻工艺与雄伟的建筑浑然一体，堪称天下奇观。吴哥王朝在这里三易王都，神秘莫测。王都最初的中心建在巴肯寺，然后是巴戎寺，最后，王都把中心又移到了巴芳寺。

吴哥古迹现存600多处，牧歌般地散落在45平方公里的热带丛林里

吴哥王城里讲叙远古故事的浮雕墙

吴哥古迹现存600多处蔚为壮观的精湛建筑，牧歌般地散落在45平方公里的热带丛林里。其经久不衰的艺术魅力，至今依然。在吴哥雄伟壮丽的古迹中，最重要的组成部分是大吴哥和小吴哥。大吴哥和小吴哥的周围有千年的参天大树环绕。它们依然生动地讲述着吴哥往日各国使臣频繁造访，各路客商络绎不绝的种种繁荣景况。吴哥寺中5座蓓蕾似的宝塔高耸入云，则是高棉民族引以自豪的象征。

关于吴哥古迹的历史地位，最初我是在我的专业书《考古学辞典》中认识的。当时还仅仅是一个概念，仅仅知道世界各国的考古学家把它与中国的长城、埃及的金字塔和印度尼西亚的婆罗浮屠并称为东方的四大奇迹。真正魂牵梦萦，向往和梦想吴哥，完全是因为我的一个不太愿意把芳名透露给读者的朋友。在这里，我且称她海平好啦。

不远万里，来看吴哥

海平自诩为旅行家，曾经到过世界许多美丽而又古老的地方，最近刚从柬埔寨王国归来。这世上似乎很少有令海平叹服的人文风景，但是对吴哥，却是一个例外。她在我眼前摊开两张大大的地图，一张是柬埔寨的，一张是吴哥的。她在柬埔寨的地图上用蓝笔标出前往吴哥的路线，在吴哥地图上则用红笔标出大吴哥、小吴哥和巴肯寺、巴戎寺、巴芳寺三个王都的中心以及博大精深的女王宫和空中宫殿。有板有眼地跟我说吴哥的这里那里，说吴哥的成就，吴哥城内复杂而又令人叹绝的灌溉系统，吴哥的庙宇完全是为荣耀而神圣的神存在的，等等。每次都会说得忘记了时间。她的叙述十分精彩也十分狂热，很是令人着迷。说着说着，她总是难以控制地仰天长叹：回忆吴哥的美丽，真是有一种说不清的滋味啊！这就使得打小就喜欢游山玩水的我毫无思想过渡，神飞异国，直奔东方伟大而又神秘的奇迹——吴哥。

我在柬埔寨炎热的太阳下面梦游，在吴哥神秘辉煌的王都里

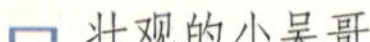
壮观的小吴哥

游人已陆续到来，这是世界各地的游人

穿行。蓝湛湛的天空下，所到之处到处都是吴哥的景象，吴哥的气息。我喜欢吴哥的气息，尽情地呼吸着它们并将身心沉浸进去，沉浸进去。惊叹之余备感惬意舒畅，如痴如醉，如醉如狂！上午的太阳在空中高悬，金色的光芒照得吴哥一片辉煌灿烂。整个吴哥古迹，好像也沉浸在与我同步的似醒似睡的梦境之中。星罗棋布的古老建筑，更衬出吴哥王都的雄伟壮丽。宫殿与寺庙的尖顶发着金光，飞鸟从尖顶上飞过。飞鸟从空中俯瞰吴哥的心情一定惬意无比。我喜悦的心情亦朝寺庙的尖顶飞去，与众多的鸟鸣汇合。

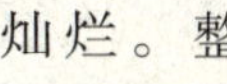

游人已陆续到来，这是世界各地的游人，都为一睹吴哥令人叹为观止的宏伟建筑。独自行走的我，不再感到自己是吴哥唯一的生命。对于吴哥众多的古老建筑，我首选吴哥窟。吴哥窟雄伟壮丽的建筑犹如闪电一下就照亮了我的眉眼。

吴哥窟即吴哥寺，又称小吴哥，梵语意为“寺之都”，是吴哥地区最集中、最壮丽、最杰出的古迹，也是柬埔寨早期建筑风格的代表。现在作为柬埔寨王国的骄傲象征而出现在柬埔寨王国的国旗上。整个建筑属于神庙建筑群，是为供奉毗湿奴而建。毗湿奴是印度众神中地位最高的神——保护宇宙与生命之神。他入睡时宇宙会缩小成一粒种子，醒来后宇宙再度从种子中诞生。因而，毗湿奴在高棉艺术中被频繁刻画。毗湿奴形象年轻，至少有四条胳膊，一般以站立的姿势出现在吴哥古迹的浮雕上。通常，他的四只手分别拿着不可战胜的武器——法轮，为胜利而鸣响的标志——法螺，代表力量的标志——仙杖，象征地球的标志——莲花。每当世上正义的法规遭到破坏，人类需要拯救、正气需要恢复时，毗湿奴就会以不同的模样出现在人类的面前，去追赶非正义的人事，去拯救大地和人类。毗湿奴常常化身为鱼、龟、野猪、人狮等。毗湿奴现在依然受到柬埔寨人的崇拜，被柬埔寨人称为“尼塔莫阿里奇”。

在历史的间隙里小憩

为供奉毗湿奴而建的吴哥窟位于吴哥城南郊的平原上，是一座建筑浩大的城池。其建筑结构之鬼斧神工、慑人魂魄，实为常人所难以想象。它拥有包括十余个建筑物与几十组遗迹在内的建筑群体，拥有的浮雕超过1.8万幅。共占地85万平方米，其中主殿占地4万平方米。于公元12世纪的耶跋摩二世时期修建，耶跋摩二世死后的骨灰即葬于此。整个建筑都是用巨大的岩石一块块砌成，建筑用的石材均来源于50公里外的荔枝山上。整个吴哥窟的建设共用石头30亿吨，最大的石头有8吨重。既没有灰浆吻合，又没用钉子和梁柱连接，堪称人类文明的奇迹。只是它的建筑时间太漫长了，共用了89年的时间才终于建成。等它竣工时，吴哥已经迈进佛教时代。

吴哥窟建在三层台阶的地基上，每层台阶的四面均砌有浮雕回廊。其中长达800米的回廊雕刻，是借助于印度古代史诗《摩诃婆罗多》与《罗摩衍那》中的故事来进行构图雕刻的。所以，许多雕像以组雕出现，一组雕像讲述一个故事。故事中有国王的形象，有神灵的形象，也有平民百姓的形象，有的还有各种各样的人物与花卉图案 。 婆罗门教关于生死轮回的故事情景在浮雕中雕刻得特别触目惊心 ；仙女“阿普萨拉”的舞蹈形象最为精彩 ；肌肉强壮的士兵们大都骑着大象参战、搏斗，国王则威武地端坐在轻轻飘向一边的多层华盖下面指挥，危险中不失高贵、尊严的身份；被俘的人被高高

吊起，双眼充满愤怒的绝望和不堪忍受的痛苦，握着长矛的敌人则毫不犹豫地刺向他们；反映平民生活的浮雕特别亲切、和谐，比如撒网捞鱼，春种秋收，观看斗鸡、斗猪的休闲场面等等，每一张脸都极富特征。最壮观的要数雕刻在宝塔上的石莲花了，有上万朵，整个雕刻集复杂、美丽于一身，是整个吴哥艺术的精髓。浮雕的雕像都很凸出，其精深细腻的雕刻，精妙绝伦、不同凡响。雕刻在壁上、廊上、栏杆上和窗楣间等寓意深刻的一些浮雕我一时虽看不懂，但这并不影响我对它们的欣赏。在这里，就连那虚无缥缈的云彩，也都被雕刻家的刻刀镂刻得神秘无比、神秘动人、神秘诱人。建造者的艺术才能似乎永不枯竭，永远处于激情澎湃的创造之中，而雕刻者的灵感和艺术魅力则穿越所有的春夏秋冬。我在这些栩栩如生、惟妙惟肖的精美人物雕像前驻足、流连，用手指触摸我经过的每一个雕像，用心灵感受其显而易见的审美意识，不舍离去。

吴哥窟的大门朝西，四周各有一个宽190米，长1300~1500米不等的水池。寺内高达65米的宝塔庄严雄伟，气度非凡。向西的大门外与大吴哥王城南门外的大道相连，门楼上有三塔，门内庭院深深。按照婆罗门教教义的意思，太阳升起的东方寓意着吉祥，同时象征着光明和繁荣。吴哥窟却违反这一常规，不合逻辑地坐东朝西，形成千古难解的“向西之迷”，更给人以扑朔迷离之感。

从吴哥窟出来我一路往北直奔吴哥王都最初的中心——巴肯寺。巴肯寺又名“百塔洲”，因为除中央大塔外，周围还有100

吴哥废墟

余座壮观的宝塔，故名。巴肯寺是吴哥王朝的第四位君主耶苏跋摩一世登基时，把都城从洞里萨湖畔的罗洛士北迁后建在巴肯山上与神交会的宫殿。巴肯山的周围是一片平原，暹粒河流经这里，很适合城市人口的生活需要。从此，巴肯成了都城的中心。巴肯寺则被高棉人视为须弥山——宇宙的中心。巴肯寺供奉的主神是湿婆神。湿婆神与毗湿奴神守护宇宙的作用相反，是毁灭。他控制着世界的生死轮回。他的舞蹈既预示着死亡也孕育着再生。湿婆神的代表物是林迦（男性生殖器），林迦象征着自然创造万物的强大力量。在印度教的庙宇中，人们把形状像男性勃起生殖器的造像物当做湿婆神的形象来顶礼膜拜。

于巴肯山上回首南望，南面的吴哥窟像画一样，静静地肃立在原始森林中，一动不动。北面不远的吴哥通王城却看不到一点踪影，它被周围的参天古木完完全全地藏起来了。

吴哥通王城，“通”为“大”之意。又名吴哥王城、吴哥城、大吴

建造者的艺术才能似乎永不枯竭

掩隐在丛林中的十二座小塔代表着十二生肖

坐下来感受

哥和州城。是真腊王国吴哥王朝的国都，初建于公元9世纪后期，成形于公元12世纪的杰耶跋摩七世时期。城市鼎盛时的人口达100万之多，其规模之大远远超过罗马，是东南亚历史上最恢弘的一座都城，也是历史上世界最为繁荣的城市之一。其遗迹几乎都集中在王城的中央——高45米的金塔巴戎寺和高43米的铜塔巴芳寺、皇宫遗址、空中宫殿、战象台阶、中央大道、中央广场、癞王台、圣剑寺、群像浮雕壁、国王礼佛的非敏那卡寺和皇后沐浴的地方等。王城规模较早期吴哥城略小，所以，巴肯寺、吴哥窟等都站在了王城之外。

整个王城主要按照印度古代宗教庙宇观的寓意设计。所以，吴哥通王城呈正方形，周围达12公里之余。中心是寺庙，代表众神灵的居所——须弥山。寺庙的东南西北各有一条道路通向王城的四面八方，象征宇宙的四个方向。王城的城墙高约7米，全部用石头砌成，很是威严。王城的护城河宽有100米，十分壮观。高大的石桥横跨在护城河上，54个石神像则以跪坐的姿势分列在桥的两旁，巧妙地形成桥的栏杆。城的东南西北皆有门通向城中心的金塔——巴戎寺。巴戎寺是柬埔寨建筑艺术的代表，由

50多座石塔构成，中间一座高达45米，每座塔尖都刻着四面佛笑看人世沧桑的神像，这就是“吴哥的微笑”。吴哥的微笑充满神秘和力量，骄傲崇高地活过了一个个世纪。因为出色，它们仍将继续骄傲崇高地存活下去。

这里偶尔有鸟飞过，然后复归静穆

我以为，骄傲在某些时候是一种殊荣，没有骄傲就没有完美。以四面佛像精心装饰的巴戎寺，以会笑的石头享誉世界的巴戎寺，以神话般的浮雕打造出来的巴戎寺就是骄傲。其内部结构有圣殿、修道院和藏经楼及大小院落等300多间。我在吴哥王都巴戎寺的骄傲深处走着，带着当年法国探险家亨利·穆奥的惊叹心情从城中走过，走在神殿的浮雕中间，几乎迷失了自己。浮雕上的加冕、游行、战争等巨大场面，无一不折射出柬埔寨古代灿烂的文化和精湛的艺术才华，折射出吴哥的不朽，为世界艺术史上所罕见。

身为女人，我想我当然还要看看美得令人难以置信的女王宫。女王宫又称女王庙、斑黛丝丽寺、女子避难所等。女王宫老是召唤着在梦中梦见她的我，谁也唤不醒。女王宫原名湿婆宫，用粉红色砂岩和红土岩建成，是柬埔寨建筑史上的一个里程碑。素有“吴哥古迹明珠”、“吴哥艺术之钻”与“丛林珍珠”之誉。虽然，它在吴哥数以百计的古老建筑中的规模不是很大，但却是最有特色，最有柔情奇迹的宫殿。女王宫位于吴哥城的东北方向，距巴戎寺25公里左右，是一座平地而起的寺庙。寺庙里分别供奉着湿婆神、毗湿奴神和梵天神。梵天神的力量在远古时期高于一切诸神。它是创造和掌管宇宙的最高神灵，是万事万物的最高主宰。

这张反反复复的笑脸，令人着魔

在女王宫，到处都是像我一样前来朝拜的游人，到处都是惊叹之声。身为女人，我最喜欢的是女王宫里那些表现女性美丽的雕像。她们的美丽如

拍摄僧侣的照片，要在事前征得他们的同意

此的惊人：娇好的容颜，充满幻想的青春，有的身体微微后仰，有的身体稍稍前倾，纯洁的笑容自由自在地挂在脸上。赤脚的她们，仿佛自然的女儿。那神态仿佛在问每一个来来往往的人，她们的美丽是否依然。问话间她们漂亮的耳环，在圆圆的耳垂上叮当作响。其无可比拟的美胜过世上的一切。

在这里，所有的女性雕像都恰到好处地显出了女性丰美的身材，凹进去的腰身和凸出来的乳房。其雕刻的精美，甚至让我听到了她们乳房中的乳汁在胸脯上轻轻暗流的声音。这种声音使她们的生命充满生机，她们的生机看上去足以与现代少女的生机媲美。热带雨林的风从远处吹来，正好掀起一个女神像美丽裙边的一角，我发现我对她的爱慕油然而生。

这是一个晴朗的早晨，我在我梦寐以求的女王宫里梦游，在脚力所能达到的每个女神像前驻足。我看不见我的肉身，却看见女王宫依然像几百年前一样美丽神秘。我从美丽神秘的女王宫里出来，太阳正在女王宫高高的尖顶上面升起，升起。

这就是吴哥时代。它慷慨地献出了自己对艺术、对美的追求与理解。静观这些美丽，暗暗体会它与中国的长城、埃及的金字塔和印度尼西亚的婆罗浮屠并称为世界东方四大奇迹的博大魅力，心如醍醐灌顶，阳光照彻。

情迷永恒的微笑

吴哥永恒的微笑，是高棉人刻在巴戎寺石头上的微笑。人称静观自在、法力无边的微笑；亦有人称其为无所不在、环顾四方、审视世界的微笑；还有人称它是大慈大悲、救苦救难观世音的化身和佛教“四无量”（慈悲喜舍）的象征。

情迷吴哥的微笑，完全是因为高棉人刻在巴戎寺石头上的人像、神像与佛像，全都带着一种未可猜测的神秘微笑的缘故。巴戎，是吴哥文明的最后一道光芒；吴哥的微笑，则是吴哥王朝艺术最鲜明的一个特征。雕像的笑容以

雄伟壮丽的建筑，令人惊悚

吴哥南城门

强有力的、喜怒哀乐不形于色的真实性被称为“吴哥的微笑”由来已久。

初识吴哥的微笑，并且畅美地享受吴哥的微笑，是在潇潇雨歇的一个下午，在吴哥城中央的巴戎寺里。巴戎寺是柬埔寨建筑艺术的代表，是吴哥王城中央的主体建筑，建在高达三层的方形台阶上。主塔高45米，周围是16座高10余米的配塔环绕。建于1181年至1218年，历时37年。占婆人与后来的暹罗人不断运用武力入侵吴哥，所施威力使吴哥的工匠们无法继续巴戎寺的建筑与雕刻，只好放下刻刀，拿起武器去战斗。最后，巴戎寺成为一座没有完全建成的庙宇，以令人思索的模样，一动不动地为吴哥王朝雄居东南亚长达五个世纪的辉煌画上一个句号。

巴戎寺原名“耶苏特拉芝里”，是“耶苏跋摩山”的意思，象征着宇宙万物的中心。在高棉人的心中，世界的中心始终耸立着一座叫做“须弥山”的山，众神都在这里居住。因此，柬埔寨古代的历代国王都要在自己都城的附近修建一座象征“须弥山”的山，然后在山上建庙，在庙里供奉他们信奉的、给他们带来自信与力量的神、佛。巴戎寺建在吴哥城的中央，其实也就深深地蕴涵了这个道理。

巴戎寺的外围，有五道门，五道门都刻有每天吸引着无数参观者的浮雕。人们在到达巴戎寺的顶部之前，首先映入眼帘的，就是这些具有柬埔寨艺术风格的、十分壮观的人物雕刻。我在这些共雕刻着1万多个富有生命活力的人物、长达1000多米的外围浮雕墙前作短暂停留之后，怀着依然迷恋的心情，急匆匆地往高处去了。

雕刻者的灵感穿越了一个世纪

巴戎寺一层比一层陡峭，第一、二层迷去了我相当长的时间，浮雕上流传至今的神话故事、印度传说、佛祖释迦牟尼的生活、老百姓耕耘收获、集市贸易、风土人情以及一组组刻画战争的图景深深地吸引了我。我的心情被它们完全淹没。我在阳光下很仔细地一一看去，看得十分上心，几乎不曾遗漏。又因为独自旅行，无人交流亦无人催促而消磨了许多时光。以至于我以一贯的漫不经心上到巴戎寺的第三层，也就是最为引人注目的核心部位时，方才后悔自己在第一、二层耽搁的时间太多了。

这静默的石雕，绵延了千年的时光

巴戎寺的核心，由一组16座彼此相连

“搅拌如海”的阿修罗

的宝塔构成。中间一座最高，为圆形镀金宝塔，宝塔高出地面45米。梦一样迷人的尖顶，骄傲地竖向空中，直插云霄。据说，柬埔寨全国各省重要庙宇之中的佛像，都有其复制品在这16座宝塔内供奉。这里还是周达观《真腊风土记》中所指的“聚一国远近之佛”之地。寺中还有54 座四面佛塔如群山起伏，佛光普照。佛塔的四面石墙，每一面都有一张笑脸。每一张笑脸都像一个哲人，喜怒哀乐不形于色地察看着芸芸众生。54座四面佛塔，就是216张笑脸！每张笑脸都有4米高——这就是吴哥的微笑。建筑者的构思，多么奇妙！

猝然与心中怀想过千千万的吴哥永恒的微笑照面，我有惊惶失措之感。随之，兴奋像阳光一样显而易见，内心里最温柔的核心部分被唤起，心灵之花盛开。这真是无与伦比、令人着魔的笑！他安详的神态，带着黎明般的魅力，朝我心中奔来。我睁着我的眼睛，看他高洁的前额，向下弯的眉毛，眯成一条线的眼睛，宽得好看的鼻子，嘴唇完美的形状以及非常神秘的表情，奇妙微笑的样子，也不知他在想什么。他似乎没什么偏见，没什么城府，也没什么阴谋，他就那样永恒地看着我笑，未可猜测。我在他的身边转了好几个角度，他看我笑的

长长的石阶，带给人长长的遐想

神态依然——神秘、宁静、迷离、持久，互相渗透。

关于吴哥的微笑，学术界有许多争议。有人说，一座四面佛塔代表高棉王国的一个省；有人说，四面佛代表的是佛祖；还有人说，四面佛其实就是巴戎寺的建造者杰耶跋摩七世。

我一张笑脸一张笑脸看过去，大部分都微微地眯着眼睛，似乎笑容一样。但是仔细端详，一张笑脸又有一张笑脸的不同。有的笑容充满爱心，有的笑容泰然真诚，有的笑容令人不安，有的笑出王者的尊严，有的笑容隐隐诠释着人类的某种悲哀，还有的呢，奉献般地笑得遍地阳光……所有这些笑容，似乎都把时间和空间，把人世的沧桑揉进去了，所以，他才抗击住了岁月的无情流

阳光从天上照下来

逝。以至于时至今日，他们依然神奇地随着阳光照射的不同，随着参观者观看的角度不同而以千变万化、幻化莫测的面部表情俯视芸芸众生。他们的笑，飞越亚洲、非洲、欧洲……飞越种族、国度和制度，镂刻到每个前来瞻看者的心灵上。

我把我的脸贴上去，贴住一尊既有女性温柔，又明显带着男性力量的、令人觉醒的吴哥微笑，毫不在意别人的目瞪口呆，只想守着他，一辈子呆下去。

我知道，在我把脸贴向吴哥永恒的微笑时，他对我是视而不见而又洞悉一切的。他们是一个虚幻的世界，又是一个实实在在的世界。

回家很久很久，我只要一闭眼，还是看见吴哥的微笑。仿佛他在笑我，仿佛他在看我，仿佛他在爱我。

情迷吴哥永恒的微笑，一生又一世！

岁月将精美的浮雕慢慢抹平

花开花不落

高棉艺术给人以花开花不落的美好感觉。

罗洛士建筑群被人们称之为高棉艺术的开端。高棉艺术的主要象征则是仙女戴瓦达和舞女阿普萨拉空灵如梦、温雅优美的形象，这在吴哥寺弥散着远古清香的壁画和内外回廊中都能看到。她们很美，她们微笑，她们亭亭玉立。她们是梦想，是现实。是远，是近。

在吴哥浩瀚的雕刻艺术人像中，戴瓦达和阿普萨拉极易辨认。因为高棉人在巨石建筑的宫殿、寺院与庙宇上，展示了数不清的戴瓦达和阿普萨拉。戴瓦达和阿普萨拉是吴哥雕刻艺术不断重复的主题之一，具有完美女性的典雅风格。她们的青春自由不拘，她们的美丽自然匀称，她们的理想和谐都是极精致、极富感染力的。

吴哥众神

一般来讲，她们都是正面立像，有半人高。前额光洁，面容温雅，云发高盘，四肢优美，乳房圆润，形神合一，会说话的眼睛，给人以永生之感。舞女阿普萨拉的身上还装饰着项链、手

这里很静很静，静得可以听到自己的心跳和落叶的声音

链、脚链，其身姿无一不表现出女性曲线的柔和、娇妍、和谐之美，其造型更是她卓绝才艺的充分展示。

一旦你在众多的女神像中发现她们，视觉部分会变得格外鲜明。因为裸露着两个圆润的、如花似果乳房的她们，体态高雅，表情庄重，举止自然，朝朝夕夕总是一脸宁静、优美、单纯、真挚、微妙、神秘的浅笑，洋溢着浪漫芬芳的青春气息。眼睛是心灵的窗户，戴瓦达和阿普萨拉羞涩的眼神，充满神秘意味。

根据柬埔寨的习俗，每个路过的人都应该抚摸一下她们生机盎然、魅力无比的乳房。千百年来，尽管她们经历了数不清的风吹雨打，看不尽的世态炎凉，甚至，几百年的神秘消失与野蛮者的敲敲打打，但这算不了什么，任何尘世的遗忘都不可能触及她们，伤害她们，因为超越自然的美从来都不会被岁月所埋葬。她们重见天日后的尊严与美丽，依然享有令人惊叹、流芳百世的盛名，依然有血有肉般地高妙绝伦、呼之欲出。人们的虔诚抚摸，更使她们金石躯体上的乳房光亮有加，形象丰富深刻、出类拔萃。

从艺术的纯粹角度来讲，一尊雕像完成之日，便是其生命开

始之时。高棉艺术的主要象征——戴瓦达和阿普萨拉的生命意义正是如此。当她们经过工匠细腻、准确、生动的精心雕刻，从冰冷的石头中脱颖成立体、鲜明、有思想的人时，她们的生命便生动地开始了。开始在人们无以计数的赞叹、陶醉和崇拜之中。这就是艺术的伟大，是高棉艺术的主要象征——戴瓦达和阿普萨拉带给世界的永恒美丽与永远的财富。是生命，是青春的欢乐颂歌。

追根溯源，她们的生命起源于扶南国时代。扶南时代，柬埔寨的雕刻和雕塑已经具有极高的造诣。扶南国是柬埔寨的印度教古国，印度的雕刻造像艺术早已流传至此，并且影响着扶南雕刻家们均衡优美、庄严得体的雕刻审美意识。这些雕像大都体态丰满，线条柔和，具有明显的印度艺术风格。

高棉人的艺术才能，从公元9世纪起在石构建筑物上的表现已经不同凡响，日新月异。他们的非凡本领在于，既能用巨石建筑规模宏大的宫殿、寺院、庙宇，又能在巨大的建筑物上进行极富艺术魅力的整体与局部的细致雕刻，反映出良好的艺术素养、艺术天分

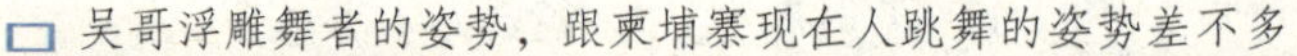

吴哥浮雕舞者的姿势，跟柬埔寨现在人跳舞的姿势差不多

女神殿的石雕局部

和装饰能力。这一时期史称吴哥时代，吴哥时代是高棉艺术的黄金时代和古典时代。这个时代产生的吴哥寺使高棉的建筑历史与雕刻历史达到巅峰的鼎盛时期。

此时，高棉艺术的人物雕刻大多为直立式，雕刻的人物更加注意层次、细节的完美与心灵神韵的丰富。整个造像艺术在很大程度上已经有别于印度风格，这标志着柬埔寨民族艺术的风格大致形成。

其著名的代表性建筑有：巴肯寺、罗洛建筑群、班迭斯雷寺等。这些建筑的浮雕装饰丰富多彩，引人注目。其男神像有一种庄严肃穆、英气逼人的力量，仿佛生命的起源；女神像上身裸露，充满激情，魅力四射。雕像的笑容亦被称为“吴哥的微笑”。

因此，当来自高棉艺术的戴瓦达和阿普萨拉以永不凋谢的姿态展现在现代人的眼前时，她们来自遥远的美丽，顿时越过茫茫时空，激起人们无限的惊奇与景仰。

抚摸她们的乳房，摒弃心中一切令人厌恶、不可示人的阴暗与不和谐的庸俗杂音，用心灵感悟远古人类对女性的敬重与崇拜，体会、体验美的欣悦而心旷神怡，时间和空间上的距离大大缩短。

高棉艺术，诞生了一个时代的繁荣，一个时代的思想。

音舞如诗

为了赶到饭店看柬埔寨的舞蹈表演，我比跳舞的人来得更早。

在柬埔寨的一些饭店中，有柬埔寨的古典舞或民间舞表演，价位在10至20美元之间。

我在等待中查看有关柬埔寨的舞蹈资料，柬埔寨是一个善舞的国家。柬埔寨人早在很久以前就生活在音乐与舞蹈的怀抱，其音乐

柬埔寨传统舞蹈表演中的经典手势

暹粒表演高棉民族舞蹈的女孩

王宫内跳舞的女孩

与舞蹈的渊源均深受古印度音乐与舞蹈的影响，到现在已经成为柬埔寨艺术宝库与世界艺苑中的一朵奇葩。柬埔寨的舞蹈，分为民间舞蹈与古典舞蹈两大类 。

柬埔寨传统舞蹈表演

柬埔寨的民间舞蹈，大多与柬埔寨人的日常生活有关，与柬埔寨人的日常生活并行发展。以农耕、捕鱼、舂米等劳动为题材的舞蹈，其节奏与灵感毫无疑问直接来源于民间日常的生活与劳动。就其舞步而言，又与泰国、老挝、缅甸的民间舞蹈有许多相同的地方。自由轻松、种类繁多、风格各异是柬埔寨民间舞蹈的最大特点。

《德洛舞》、《牛角舞》、《竹竿舞》、《南旺舞》、《孔雀舞》、《圆圈舞》、《亚恰舞》等则是柬埔寨民间最流行的舞蹈。民间舞蹈的世界多彩而又多姿，一个舞蹈似乎讲述着一个美丽动人的故事。在这些流行的民间舞蹈中，《南旺舞》又是流行舞蹈中的流行舞蹈。《南旺舞》由许多对男女组成，舞时大家随着锣、鼓、琴、笙等乐器合奏的柔美音乐翩翩起舞。舞步时而温柔动人，时而矫健有力，手臂动作惊人的纷繁多姿看得人眼花缭乱。整个舞蹈都洋溢着柬埔寨人的欢乐朝气和乐观精神。《亚恰舞》的表演者全是男性，舞蹈过程表现得十分幽默滑稽。演员的才智、激情与精湛技艺，随着曲调的时缓时急，时高时低，可以自由、任意地发挥。他们在舞台上

吴哥的音乐表演

飞来掠去，为柬埔寨的舞蹈增光添彩，气氛十分热烈。

柬埔寨的古典舞蹈，又称宫廷舞蹈。宫廷舞蹈重点以讴歌神、国王和英雄为主，再现史诗般波澜壮阔的伟大时代。宫廷舞蹈像中国的京剧一样，每个角色都有自己特定的服装和道具。舞蹈演员的化装一成不变：脸上涂白粉，眼睛画黑眼圈，嘴唇抹口红，双臂和双手则用藏红花染成金黄颜色。宫廷舞蹈特点有二。一是具有柬埔寨众所周知的象征意义，二是用歌唱来说明情意缠绵的剧情渐渐发展。舞蹈时舞者的身体荡漾起伏，舞步空灵剔透，变幻出各种细致流利的奇异姿势，每一种都带有一个明确的象征意义。比如：手握拳头时表达愤怒的情绪；拇指和食指相连与手掌成直角，其他三指向后弯时，表示快来啊、摘花啦或鸟的飞翔；四指合紧，拇指放在手心，表示诧异、抑郁、沉思和祈祷……

据历史记载，远在公元9世纪时，这种舞蹈就在宫廷中演出，至今已有1000多年的历史。古典舞蹈深受人们欢迎的保留节目很多，林林总总，百枝千叶，随便数数就有《祝福舞》、《神仙仙乐舞》、《百花园中的仙女舞》等，还有大型舞剧《罗摩衍那》、

《拉玛雅娜》，等等。舞蹈中的许多场面，在吴哥古迹的浮雕中可以看到。其舞姿与过去的许多舞姿一样，已被永恒地雕刻在历史的长廊上。吴哥古迹的浮雕，甚至把舞蹈中白浪滔滔场面的白浪，都雕刻得栩栩如生。走到近处，那白浪似乎都会溅你一身呢。

为加强柬埔寨人民同世界各国人民的友好往来，妆容绚丽，服饰多彩，舞姿柔美缤纷的柬埔寨古典舞蹈，早已成为柬埔寨人民传递友谊、款待远方贵客的保留节目，熠熠生辉，也成了柬埔寨人民与世界各族人民进行文化交流的重要载体。柬埔寨独立后，皇家舞蹈团经常随西哈努克亲王出国访问演出。20世纪50年代末期，柬埔寨皇家舞蹈团还连续两次到中国进行友好展演，与中国文化界人士进行了十分友好的交流。西哈努克的母亲哥沙曼王后为皇家舞蹈团的发展壮大，曾经亲自出任过皇家舞蹈团的领导。现在，皇家舞蹈团归属由诺罗敦·帕花黛维公主担任部长的文化艺术部，一再被邀到美国、欧洲、亚洲各国巡回展演。柬埔寨皇家舞蹈团所到之处，人头攒动，掌声响起，深得世界好评。

古代打击乐器

古老的舞蹈给柬埔寨带来无尽的魅力和生机，也给柬埔寨的旅游业带来生机。吴哥窟前《阿普萨拉》舞的舞者披着阳光，以其精湛的舞技装点着今天的吴哥，吸引着游客，也留给我许多美丽的憧憬和记忆。舞者金色的头饰，美丽的脸庞，明亮的眼睛，颀长的脖子，窈窕的身材，演绎着柬埔寨曾经生动的生活。舞蹈中的许多东西虽然我无法阐明，但我醉心于舞者饱含激情的每一个动作，每一个眼神，内心充满无可比拟的快乐向往。

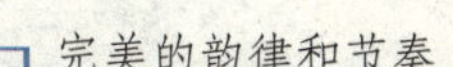
完美的韵律和节奏

从头至尾我都怀着愉悦的心情观看，没想到它

带给我的感觉如此甜美，如此快乐，有许多地方我都忍不住击掌叫好。每个民族都有自己丰富的舞蹈和音乐，我为柬埔寨的舞蹈与音乐所吸引。其舞蹈中音乐的节奏特别充溢我内心喜悦的感情。我从柬埔寨的舞蹈中感受柬埔寨的伟大。另外一个叫什么名字的舞蹈我没记住，但是，我在舞蹈中看到神的力量，看到一往无前的英雄历尽艰辛后迎来的辉煌与灿烂阳光。还有小溪和山花，高山与流水，柬埔寨旖旎美丽的自然风光，我甚至还听到了小鸟的叽叽喳喳，云雀的歌唱，整个世界充满美的和谐。她们在音乐中翩翩起舞，笑容温柔、甜美。

音乐和舞蹈是一体的艺术，都是人类生活美好的见证，柬埔寨的音乐和舞蹈像阳光与爱情一样美好。

传统的柬埔寨音乐，相传已有近2000年的历史。那么悠久的历史，自然会有不少记载。一个记载，一种回音——历史的回音。中国《三国志》云：公元243年，扶南王范旃遣使“献乐人及方物……”这就是说，远在公元3世纪时，柬埔寨就有了相当造诣的、表现人类梦想的音乐大师。音乐的感染力来自强烈的原始力量，音乐使人类的梦想超越国界。也许是扶南乐自身的特色太有感染力了，也许是扶南乐在宫廷的历史太悠久了，中国的史书对扶南乐舞的表演作过具体的描述。隋唐时，中国还把扶南乐列入九部乐之中。

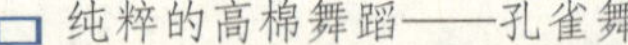
纯粹的高棉舞蹈——孔雀舞

就像柬埔寨的舞蹈一样，柬埔寨的音乐也受古印度文化的影响颇深，同时与泰国、老挝、缅甸的音乐有着极其深刻的渊源。吴哥时代高棉文化的特征是现代柬埔寨音乐的重要表现。柬埔寨的古典音乐合奏最有气魄的，主要是“平佩阿特”与“莫霍里”两种。“平佩阿特”是纯粹的古典音乐、仪式音乐、古典戏剧与舞蹈伴奏等的重要演奏形式，近似于泰国的“皮帕特”。“莫霍里”引以为重的，则主要在于古典舞蹈的伴

古迹里的传统乐器表演

奏以及与人民生活息息相关的音乐形式出现。

柬埔寨的音乐只有5个音阶，与西方音乐的7个音阶明显不同。但她充满生机，成为世界艺苑的瑰宝。5个音阶的柬埔寨音乐与7个音阶的西方音乐，犹如中国的春兰秋菊，各有千秋。

柬埔寨民族音乐的灵魂是什么呢？柬埔寨稍通乐理的人都知道，这就是柬埔寨的交响乐、宾柏乐和高棉乐。交响乐没有合声，是轻音乐，属民乐合奏。也就是把音色不尽相同的传统乐器放在一起合奏，多为传统戏剧伴奏之用。虽然它没有合声，但其主旋律本身所固有的气势，依然强烈地给人带来美的享受。你只有置身在那和谐的音乐之中，才能了解到柬埔寨交响乐的魅力。宾柏乐是舞蹈伴奏乐。柬埔寨是一个热爱音乐与舞蹈的国家，人民的舞蹈与歌声处处可见可闻。

柬埔寨是一个热爱音乐与舞蹈的国家

在那喜庆的日子里，无论是田间还是地头，无论是城市还是乡镇，都可以看到柬埔寨人民载歌载舞的欢乐身影。任何人一经听到宾柏乐的乐曲之声，都会忍不住地要翩翩起舞。而且是哪里有舞蹈，哪里就有宾柏乐节奏明快的乐曲声。高棉乐是一种充满喜悦色彩的音乐，在柬埔寨文化中占有重要地位，让人深深眷恋。通常在庆典、宴会、婚礼等场合演奏，曲调欢乐动听，常常使人产生一种近乎美的幻觉，具有很强的感染力。

在柬埔寨，民间艺人要想成立一个可以应付演出的管弦乐团相当不易，一个管弦乐团常常要拥有多种多样的民族乐器才能在演出中表现出色。比如：两排木条或金属条的木琴、单弦琴或数弦的弦琴、长笛、双簧管和大小各异的鼓等。

1953年，独立后的柬埔寨十分重视音乐人才的培养，目的与意义明确地成立了柬埔寨音乐学院。最近几年来，在世界较宽领域流行的通俗音乐流行到柬埔寨后大受欢迎。人们到有音乐的酒楼、剧场等公共场所去听音乐放松自己，也有人到酒楼、剧场等公共场所去表现自己的音乐才能。每一种反映不同情感世界的曲子，都能给人带来不同程度的感受。

资料尚未看完，柬埔寨喜气洋洋、美如仙女、艳若桃花的舞者已在音调悦耳、柔美动听的音乐声中，赤脚从舞台的屏风后翩翩舞出。她那纤纤的腰身随着音乐的强弱恰到好处的摆动，她用藏红花涂得艳丽的小手令人眼花缭乱的做着各种各样美丽的姿势，她那

小脚随着旋律轻轻跳跃，饭店里的喧嚣立即给她让位。像我一样喜出望外、兴高采烈、早已等候在此的游人，立即被其自由轻松的罕有舞姿所吸引。从其缀满孔雀蓝的着装来看，这就是被人们无限赞美和万分宠爱的、纯粹的高棉舞蹈——孔雀舞。舞者对自己的舞技充满信心，激情满怀地在舞台上飞来飞去。飞起的旋风不时掀起她裙边的一角，露出她健美、飞翔的脚踝，把我对美的向往与追求，一下就变成了现实。

直到月影偏西，我还沉浸在柬埔寨美好的音乐与舞蹈之中。

工宫内跳舞的女孩

第五章　从金边到暹罗湾

王宫是柬埔寨王国王族居住生活的地方。它是一座金碧辉煌的吴哥式建筑，坐落在金边东侧著名的四臂湾畔，占地16万平方米，始建于1434年。整个王宫以高贵的黄色为基调，有大小宫殿20多座，形成一个雄伟壮丽的建筑群体。

美丽的街景

王宫前的都市

金边是柬埔寨王国的首都，柬埔寨悠久的历史文化名城。始建于1372年，1434年开始作为国都。1867年以后，成为柬埔寨的固定首都。神秘的王宫和高高的塔仔山是金边岿然不动的两大名胜，每天骄傲地接待着来自世界各地的游人。街上居民如流，人口密度高达3448人/平方公里。全国所有的高等学府，几乎全在金边290平方公里的市区云集。国家图书馆、国家博物馆、大型医院、电影院等公共设施也在这里汇聚。市内交通四通八达，水陆空具备。在连接全国的7条陆路交通纽带中，有6条国道是以金边市为起点通往全国各地的，这就是柬埔寨的1~6号国道。市内还有全国最大的河

金边街头

金边的路边排档

港金边港。金边港的天是蓝的，风是凉的，人们的衣着是五颜六色的。港里桅杆林立，商船往来，年装卸货物能力14.4万吨，活跃而

有魅力。气势不凡的波成东机场是柬埔寨的2C级机场，也是东南亚最重要的国际机场之一，旅客吞吐量一年可达150万人。

13世纪以前，这个地方称为札多木，意为“四面临河”。即湄公河、洞里萨河、巴萨克河与前江。这四条河在金边的城东高谈阔论一番后达成了共识——缠绵成一个十分有意思的“**K**”字。当地华侨给它起的名字也形象不俗——四臂湾。四臂湾被一代又一代的人叫下来，愈叫愈响亮。金边也沿着奔流如故、缠绵如故、醉人如故的“四臂湾”一个世纪又一个世纪地延伸下来。

金边闹市中的大象

20世纪20年代，金边已是东南亚最漂亮、最繁华的城市。市内街道宽广，商贸往来繁荣，货物非常丰富。街上除有不计其数的店铺、旅馆、酒肆外，还有宽阔的广场，美丽的公园，畅通无阻的河港。在那纵横交错的十字路口上，人来车往，繁荣更甚。华灯初上后，街上的门户无一不层次分明地融进灯的海洋里，彰显出她20世纪60年代已经享有东方巴黎美誉的卓尔不群。只是20世纪60年代后受美越战争的影响，气象顿异。金边的经济发展，这才没有像人们期待的那样更加迅速地发展起来。

金边城市的建设建筑规划，因法国殖民时期的长期影响，颇具典型的法国城市规划风格，丰富多样，令人回首。即市中心的每一栋房子都临街，建筑面积多为不规则的几何形。城内居民则按类别大致生活在水一方，生活在三个明显的区域：一是以王宫为中心的“柬人区”；二是以塔仔山为中心的“洋人区”；三是以中央市场为中心的“华人区”。

作为柬埔寨王国最大的一个城市，金边既是柬埔寨的政治中心，又是经济、文

市中心的现代建筑

化、教育中心，同时还是全国交通枢纽、世界著名的旅游胜地。从飞机上俯瞰金边这座古老而又美丽的历史文化名城，熟悉的湄公河河面宽阔，河床蜿蜒，不时掩映在高高的椰林和茂密的芭蕉丛中。举世闻名、历久不衰、与日月争光的王宫金碧辉煌，一片金光灿烂，如同阳光一样。

王宫是柬埔寨王国王族居住生活的地方。它是一座金碧辉煌的吴哥式建筑，坐落在金边东侧著名的四臂湾畔，占地16万平方米。整个王宫以高贵的黄色为基调，有大小宫殿20多座，形成一个雄伟壮丽的建筑群体。建筑群体外面有城垛形的黄色宫墙环绕，把墙内轮廓各异的塔楼、飞檐、尖顶同外面的世界隔离开来，令人产生宗教般的崇敬之情。国王御座所在的正殿是神圣的金殿，金殿里陈列的黄金御用饰品很多，已经延续了无数的光阴，并将继

王宫里唯一一座西式建筑记载了柬埔寨昔日被外敌强占的历史

续辉煌地延续下去。由于这是柬埔寨王国王室居住的圣地，所以不可能完全对外开放，只开放王宫内的银殿及其周围的部分建筑群。

目前对外开放的主要有检阅台、加冕厅、拿破仑三世阁和银殿。检阅台是国王和重要官员在阅兵等盛大活动时的瞭望台。

加冕厅的建筑风格深受曼谷皇宫的影响，气势宏大，富丽堂皇。其长100米，宽30米，高20米的完美大厅中央摆放着国王、王后的宝座。王宫里的许多重要仪式，均在这个叫做加冕厅的地方举行。当然，任何游客不能入内，只能在外朝拜、观望。

与金碧辉煌的王宫建筑风格形成鲜明对比的，是矗立在王宫外面的拿破仑三世阁。拿破仑三世阁是一座两层白色的法式建筑，是法国国王拿破仑三世的皇室建筑，设计得相当精美、考究。后来

柬埔寨最独特的小吃夜市，以吊床当坐椅。睡在吊床上喝酒聊天是朋友相聚最悠闲的方式

法国作为礼物送给了柬埔寨。现在，阁内陈列着柬埔寨王族徽章、印玺、家族人像油画等皇家物品，每天都吸引着无数的外来人到此参观。这里除周一外，其余一个星期的另外六天都对外开放。不过，与别的旅游景点不同的是，到这里参观游览时绝对要求着装整齐，不能穿运动裤和休闲短裤。

银殿又称银宫、玉佛寺，是皇家寺庙。银殿大厅地面用银6000公斤，由4700多块镂花银砖砌成。建于1829年，里面供奉着翠玉佛像和金身佛像。

塔仔山是市民祈福和休闲的地方，钟形塔就在塔仔山上

高贵的金身佛像用金90公斤，身上镶嵌着9584颗钻石。最大的一颗镶在佛身胸前，重25克拉。其次为额上的一颗钻石，重20克拉。

由整块晶莹剔透的翡翠精雕而成的翠玉佛像高约60厘米，是柬埔寨国宝，被誉为东南亚最有影响力的玉佛。玉佛端庄完美，一见之下，肃然起敬。

此外，在银殿内院还可见到写在棕榈叶上的经文、“三眼神牛”南迪的银塑像、安东国王（1845~1859）骨灰塔、诺罗敦国王（1860~1904）骨灰塔、诺罗敦国王骑马铜像、皇族举行典礼的地方、镶金壁画、银佛以及西哈努克的女儿甘达帕花公主的小骨灰塔。甘达帕花4岁时死于白血病，是西哈努克最疼爱的小女儿。

从王宫里出来，看到的虽然只是很少一部分的宫廷生活和日常用品及其艺术品的展览，但仍觉得王城内外两个世界大不一样。

位于金边市中心诺罗敦大街北端的塔仔山是金边的象征。山高近百米，是市内最高点。柬埔寨语称之为“百囊奔”。“百囊”之意为“山”，“奔”是人的姓氏，“百囊”和“奔”合在一起，就是“金边”这个名称的起源。

相传在很久很久以前，这里曾经是一片汪洋大海，汪洋大海中有一片高地，高地上住着一位富裕而又善良的高棉人—— 一个姓“奔”的女子。她很受人尊敬，人们都叫她“丹那奔”。“丹那奔”译成汉语就是“奔老婆婆”的意思。一日清晨，奔老婆婆像往日一样呼吸着清新的空气来到河边取水，见河里有一截漂来荡去的树木，树木在她眼

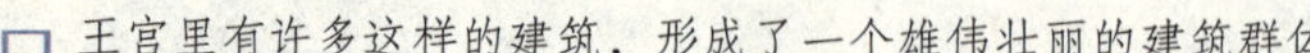
王宫里有许多这样的建筑，形成了一个雄伟壮丽的建筑群体

前漂来漂去却又不被水流冲走。她很奇怪，借着早晨的阳光仔细看去，只见树木中间镶嵌着四尊铜佛像和一尊石佛像。自幼信仰佛教的奔老婆婆于是认为佛祖遇难，急忙祈祷着把树木拖到岸上来。此时，她水也不取了，匆匆忙忙地一路小跑着去请邻居，用当地最隆重的仪式，将佛像迎进自己家中。后来，像中国人崇拜龙一样崇拜山的高棉人奔老婆婆又出钱出力，和邻居一道，在自家门前用石码和土堆垒起一座规模不小的小山，在山上用当地的建筑材料与建筑技巧建成一座砖石结构的佛寺。然后，将佛像恭恭敬敬地供奉在佛寺里。这样，人们便把这个地方称为：法（庙宇）百囊（山）丹那（对老婆婆的尊称）奔（姓氏）。

而《柬埔寨年志》记载，公元14世纪，都城吴哥不断受到暹罗侵犯，国土遂派两名大臣昼夜寻找适宜建都之地。两名大臣在风尘仆仆中发现法百囊丹那奔这个地方不错，便火速回去报告国王。国王看后很是满意，于是下令在此大兴土木，建造新都。1434年6月，柬埔寨正式迁都至此，并把这个新城命名为：百囊奔。

百囊奔的中国广东人当时已经不少，都按华人的习惯把百囊奔称为“金塔”。后来又觉得这个称呼只道出了这个地方风物的一半——奔老婆婆在山上修建的佛寺，便感不安。有人就想了个与奔老婆婆联系得上的地名，这就是“金奔”。

在广东话中，“奔”和“边”这两个字的发音很是接近，于是，早期住在这里的中国广东人常常把“金奔”念成“金边”，不足为奇。不料“金边”这个名字却越叫越响，并流传开来，沿用至今。后来，人们把原来那座百囊奔婆婆的庙宇另称为塔山或塔仔山。

登上塔山，金边市宏伟、瑰丽的景色尽在眼中。王宫、寺院、庙宇、花园、大树、草地、四臂湾；还有衣着华丽的男女，在街上穿梭往来，仿佛人间仙境，美不胜收。而塔山上奔婆婆庙里的精美石雕，则独成一景，另有一番韵味。

在金边，我以为还有一个必须要去看看的地方，这就是位于市中心诺罗敦大道与西哈努克大道的十字路口边的独立广场。独立广场的视野十分开阔，中间有一块高耸入云的独立纪念碑。这座独立纪念碑，是柬埔寨王国于1953年11月9日从法国殖民政府手中赢得民族独立而修建的纪念碑。后来又改作胜利纪念碑，为的是用来纪念那些不幸在内战中献出生命的高棉人。整个碑高37米，底座宽36米，四根巨柱上有七层莲花蓓蕾形宝塔，宝塔每一层的四周，都雕刻着精美的那伽雕饰。那伽雕饰一个接一个的排列着，变化着。既圆润华丽，又具英雄色彩。华灯初上后，纪念碑有力地射出红、白、蓝三种颜色的光芒，十分引人注目。红白蓝三种颜色的光芒分别代表柬埔寨王国国旗上的三种颜色，十分壮丽。

这个具有纪念意义的广场，同时也是柬埔寨爱国公民爱来的广场。尤其是那些上了年纪的人，一来，就要在纪念碑前坐上半天。我猜想纪念碑下或许有他们不幸死去的亲人或战友吧。所以，他们之来，不仅仅是悼念与缅怀，同时也是告慰：柬埔寨和平了！柬埔寨独立了！柬埔寨繁荣了！

我曾目睹一个残疾的中年男人，在纪念碑前放下一束鲜艳的小白花后坐下发愣的情景。小白花朝露欲滴，残疾的中年男人静静沉默。我知道他不仅仅是在凭吊，他更是让死难者分享柬埔寨今天的和平喜悦与美好。

面对纪念碑，你会情不自禁地向它三鞠躬。你还会不由自主地想，要是这里从未有过战争，会是什么模样？

当然，丑陋的战争，永远也压不垮一个民族的精神脊梁。

和平岁月，娇红娟绿

西哈努克也是一座城

西哈努克市，一个对外开放的窗口，拥有较好的基础设施条件，交通方便，有国际港口西哈努克港——1960年由法国援建，是柬埔寨目前最大的国际海港和对外贸易枢纽，可以直通中国、日本、德国、法国等国家和地区；有国家级机场——西哈努克机场，设计年吞吐旅客30万人；还有四个美丽的海滩：索卡海滩、奥彻蒂尔海滩、独立海滩、胜利海滩和三个迷人的海岛：蛇岛、龙岛、龙松伦岛。整个城市经历过外来侵略者的轰炸与占领。俄国、波兰等向西哈努克市提供了城市建设设施，为城市的发展提供了帮助。目前，西哈努克市是柬埔寨对外贸易中的重要海港城市，也是一座新兴的工业城市、旅游城市，柬埔寨王国的直辖市。城市规划和谐，拥有年炼油能力50万吨的炼油厂和一批中小型企业。

这是我对西哈努克市最初的了解。走近她、瞻看她并感觉她，完全是因为我对一个伟人的崇敬和怀念。童年往事，相隔有年。他睿智、从容、亲切的笑容却从未在我心中淡忘过——他就是被柬埔寨人民尊称为“亲王父亲”的诺罗敦·西哈努克亲王——柬埔寨独立之父！

□ 花钱很少就能租到躺椅

认识他的笑容，是在童年看过的新闻记录片上：党和国家领导人在机场宽阔的跑道上热烈迎送他的场

这对金狮是西哈努克市的标志

面；他与中国人民的领袖毛泽东主席在一起；他与中国人民敬爱的周恩来总理握手；他灿烂的笑在中国少年先锋队员的中间，脖子上还系着少先队员刚刚为他戴上的红领巾。我总是羡慕那个少年，他或她可以离他那么近，那么近。年少的我只知道他笑得好，却不知道他为什么笑得那么好的原因。

有一天，成年了的我在中国记者采写的报道上，读到了诺罗敦·西哈努克亲王后来在许多场合下不断重复的一句格言：“西哈努克并不重要，重要的是柬埔寨。”那一刻我泪流满面。今天，当我应邀写这篇文章，写到诺罗敦·西哈努克亲王的这句格言时，泪水，依然打湿了我的脸庞，洒落到我正在敲打的键盘上。

“西哈努克”的中文意思是小狮子。自幼就想成为一名艺术家的诺罗敦·西哈努克，19岁的那年继承了王位。从此，他为柬埔寨的完全独立日夜奔走。在他几十年的政治生涯中，几乎走遍了世界的大小国家，直到取得柬埔寨完全独立的胜利。

记忆中，诺罗敦·西哈努克亲王最令我感动的地方，还是他在上个世纪世界冷战气氛与日俱增的国际紧张局势下，在某个大国拉周边国家加入封锁中国的行列时，他坚定地喊出保持中立的口号，这是多么的不易！因为保持中立，就是对中国的支持，对某个大国的挑战。这是不容易的，他的国土那么少，世界列强要分裂他的国家简直不费吹灰之力。可他又是强大的，因为他不可战胜的高尚人格，因为他的心中始终装着他的1000多万人民！

在以诺罗敦·西哈努克亲王名字命名的西哈努克市神游，在西哈努克市历历鲜明的历史中漫步，我心中的翅膀把我带到任何一个西哈努克市我要抵达的地方。我看见西哈努克市的绿树白沙，天空蔚蓝，景致五颜六色。喧嚣如鼓鸣的大海，海浪不停地拍打着岸边的岩石，发出和谐的音符，冲击着岸边的细沙。小孩子赤脚踏浪，情侣们诗意散步，有一簇簇的热带树林，可以给情侣们蔽日遮阳。还有美丽的西哈努克市码头，她给任何一个刚刚走进西哈努克市的游客以赏心悦目的享受。站在码头看向远处，船桅林立，装货的和卸货的一片繁忙。海鸥与一些看上去十分好看的鸟儿，则在船桅的远处与近处和平飞翔。

索卡海滩是西哈努克市最美丽的海滩之一。这片海滩弯弯的，弯弯的像明丽的月亮。月亮似的海滩旁边椰林茂密，椰香袭人。目极处是阳光、大海、船帆；近处是蓝色的海浪不停地澎湃与

喧嚣，惊心动魄，给世界带来了无尽的魅力与生机。旁边的椰林道路曲径通幽，飞鸟呢喃，许多叫不出名的鸟儿在椰林顶上飞来飞去，平添和谐。沿着椰径漫步，既可走进椰林深处，又可通向湛蓝的大海。此外，还可以选择在这里租用折叠式的躺椅或翻板，躺着享受日光浴还是到海中踏浪，全在自己的心情，要多惬意有多惬意，根本不想归去。

奥彻蒂尔海滩在西哈努克市同样以美丽迷人享誉四方。法国

阳光、大海、船

维和部队的后勤基地曾经在此驻扎，后来有一支柬埔寨的军队也在此扎过营。岛上的驻军撤去了，这个海滩又恢复了远古的质朴与美丽，远古的安宁和秩序。这个海滩最大的特点就是很好地保存了自然海岸的旖旎风光。当你站在岩石上远眺到大海那无边无际的碧波万顷时，你根本就不会想到，这里是经过无数人的努力才恢复和平的。

独立海滩因为海滩上的“独立旅馆”而得名。独立旅馆在这里像是从海岸旁边的天然植被中冒出来、浮出来的一样，所以就得到了独立旅馆的美名。独立旅馆在海滩上不算很大，但很有一些当地的建筑韵味，所以深受游人喜欢。它的建筑材料大多就地而取，以岩石砌筑，窗上钉有漂亮的木条，显得非常罗曼蒂克。旅馆里设有铺着桌布的餐厅，喜欢它的当地人也常常光临。要点柬埔寨的当地小吃，喝点啤酒，看看远处近处的大海，非常容易陷入梦一样的幻境，这就是如诗如梦的独立海滩。

胜利海滩与其他几个海滩不同，与索卡海滩、奥彻蒂尔海滩、独立海滩形成鲜明对比的是海中的蛇岛。蛇岛美

船上耍蛇女

宁静的胜利海滩

丽极了，它在波涛汹涌的大海中蜿蜒，风光十分迷人。岛上的树林因为大海的缘故显得更加碧绿深沉。人们从胜利海滩划上橡皮蹼横渡过去，很快就会到达目的地。

在胜利海滩上看，蛇岛是一个形状像香蕉一样的岛屿，远看近看十分壮观，距离胜利海滩大约300米。同其他岛屿一样，蛇岛上面也覆盖着美丽的热带丛林，没人惊扰的时候岛上似乎悄然无声，又似乎只有鸟声、林声、海浪声。再仔细静听，好像是万籁无声了。

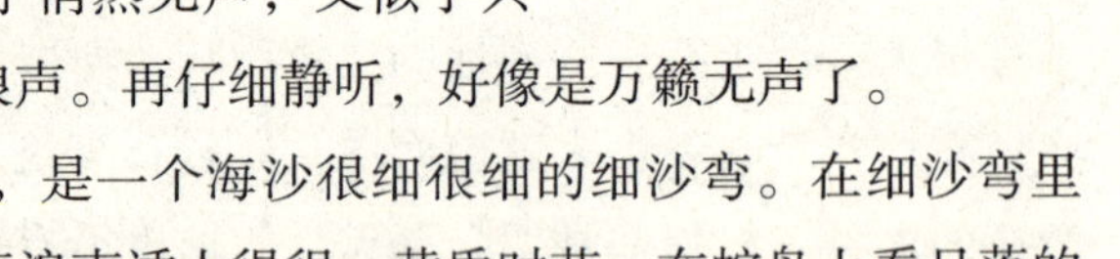

半绕着蛇岛的，是一个海沙很细很细的细沙弯。在细沙弯里踏浪，四面八方的海浪声诱人得很。黄昏时节，在蛇岛上看日落的

壮观景色，心情也是相当不错。因为日落时分，蛇岛周围的整个大海好像火焰一般壮丽，就连岸边的礁石，也都泛起红红的火光。火光与绿色青翠的蛇岛拥抱，那份热烈，那份激情，只有身临其境才能体会其中的美丽与美妙。

到奥彻蒂尔海滩踏浪去

除此以外，在西哈努克市还有龙岛、龙松伦岛等前所未见的优美风景。清晨，岛上的太阳冲出云端，光芒四射，在海面敷上一层金色。在岛上的森林里徜徉，还可以听到各种各样、稀奇古怪的鸟鸣声。

这是和平的镜子，反射出战争的丑陋。

暗思诺罗敦·西哈努克亲王“西哈努克并不重要，重要的是柬埔寨”这句耐人寻味的格言，我终于懂得了诺罗敦·西哈努克亲王为什么笑得那么好的原因。并且，不再感到珍藏在心中的诺罗敦·西哈努克亲王的笑容距我有多遥远。

红树林之邀

我从来没有见过如此美丽的红树林。当柬埔寨的红树林之邀使我如期抵达暹罗湾海岸的红树林时，它那令人炫目的绿色给我带来了意想不到的欢愉。

我从来都喜欢绿色。

我从来都怕热。

当我顶着柬埔寨一贯的炎热朝暹罗湾海岸奔去，远远看到红树林轮廓的一刻已经感到，这就是自己梦中的红树林了。

暹罗湾海岸地势狭长，数十个红树林品种连成一体的红树林，以神话里的树木姿态，站成柬埔寨最美丽的自然生态风景。绿

水上村落

红树林中居然还有小屋，像安徒生童话描述的那样

白白的沙滩和平缓的海底，这是西哈努克城著名的海滩

绿的红树林像巨浪一样漫过暹罗湾海岸的起伏地带，在蜿蜒的海边绵延。没人的时候林子很静很静，静静的绿色几乎映绿了暹罗湾海岸线的半个天空。我一头钻进林子，林子里的空气多么透明，像玻璃一样照得见我的脸庞。我再钻进去一点，哦，我的老天，那林子里岂止是空气透明，那里还有多么令人愉快的红树林的清香！我走进去走进去，那树林竟变成了神话，它在我的周围，在我目及的地方，到处都是翠绿的旋律。

富饶美丽的柬埔寨森林资源实在是太丰富了。20世纪70年代以前，柬埔寨的森林面积约占全国土地面积的73%。是讨厌的战争讨厌的家伙在战乱割据时期为了各自的利益，对森林缺乏起码的敬意，分别乱砍滥伐各自辖区林木而未加任何种植，使得柬埔寨的森林覆盖率迅速下降，森林里都传出令人绝望的低沉涛声。再加上长期以来，森林作为柬埔寨的

洞里萨湖的孩子

主要燃料而被众人持续不断的砍伐，所以，柬埔寨国土上的有林面积更加减少。1993年，柬埔寨那诱人而又清凉的森林覆盖率已经下降到49%，这个数字使柬埔寨人史无前例地清醒过来。此后，柬埔寨人不断努力，大力植树，到2003年的统计资料表明，其森林覆盖率已经上升到了61.4%。

眼下，柬埔寨王国又是一个绿野无边的国家了，静静的林木泛着柔和的碧波。柬埔寨的林木种类有200多种。柚木、铁力木、紫檀木、黑檀木、白卯等听着就让人心跳加快的热带名贵木材，闻着香气你就能在柬埔寨的土地上找到。还有石楠林、沼泽林、红树林与竹林。柬埔寨还是龙脑香料、藤条和各种野生药用植物资源丰富的国家。主要盛产豆蔻、胖大海、马钱子、沉香、藤黄、桂皮和檀香等。其资源分布情况大致如下：柬埔寨南部的豆蔻山山脉和象山山脉主要林木有热带雨林；柬埔寨东北部、北部和西北部地区主要盛产热带季雨林，热带季雨林最著名的林木是柚木；山地雨林和山地季雨林在全国大部分地区都有；红树林主要在暹罗湾海岸一带。丰富的林业资源使柬埔寨的木材出口成为继成衣之后最重要的出口物资，排在出口产品橡胶的前面。

暹罗湾海岸的红树林是柬埔寨一道独特的风景，是游客观光旅游的美好去处。由于地势起伏，红树林像波涛一样在暹罗湾海岸奔涌，不舍昼夜。

20世纪80年代至90年代初期，红树林作为柬埔寨人曾经主要

柬埔寨人怀有一颗浪漫的心，再贫寒的人家也不缺少鲜花的装扮

的燃料木之一被人砍掉不少，使得红树林的景致很不美观。最近几年，柬埔寨政府组织大量人力物力重新种植红树林80多公顷。目前，大部分已经与高大的天然红树林和谐地融成了一体。这就是我顶着柬埔寨一贯的灼热来到暹罗湾海岸时所看到的红树林景致。它们是如此美丽、宏伟、高大、繁茂，无一不令我目不暇接。弄得我有些怀疑，在我看到它们之前，它们是否真的因为乱砍滥伐而面目全非过。更想象不出这么美丽的红树林居然曾是当地人的柴薪。当然，我也知道，一个人的生活肯定得跟他周围的环境密切相关。生在红树林，长在红树林的柬埔寨人，自然要依赖红树林了。现在，他们把红树林当做一道美丽的旅游风景来养护，这是社会的进步。

水上人家最不可缺的就是这样的小船

红树林的游人不少。世界各地的人已经拥向这里，有年轻人，也有老人。都为一睹红树林的景致，都为分享红树林这醉人的馨香。他们跟我一样，在这令人惊异的绿色风景前心醉情迷，完全沉浸在一种没有时间概念的甜美状态中，并不时发出由衷的赞叹。

在这里，我苦于没有乡音，无人交谈这别样的美丽。在这里，就连柬埔寨灼热的太阳，也有了几分柔媚。而我的智慧又远远跟不上我的感官，我越想向我的读者描述什么我越说不清什么。我只明白这欣欣向荣的红树林，与蔚蓝色的大海、松软的海滩，和谐得令人陶醉。它几乎比我到过的任何一个海滩都要赏心悦目。

红树林中居然还有小屋，像安徒生童话描述的那样。它就在看得见大海的红树林中间，这是我没料到的。这是柬埔寨为数众多的质朴农民的小屋，红树林无疑是他们的故里。小屋像船，浮在红树林的波涛上。远望着小屋我揣度，就它的主人而言，在他一生的光景中，什么时候最美，最幸福？答案是肯定的，那就是现在这样和平美好的时光。

孤独的我，一个人坐在红树林的岸边，带着柔情看近处的小屋炊烟升起，看远处的海浪向自己涌来。海风徐徐，树影婆娑，林中充满叶子的响声。这一刻使我确信，这世上，再也没有比它更美丽的景色了，也没有比我更幸福的人了。

天开始夜了，可我还是舍不得离开这茂密的红树林，我还在我身边的红树林里流连。告别红树林后的一连几天，我仍然浸润在深深的红树林中。我的头枕着红树林里的涛声入眠，内心里没有任何别的杂音。我记得我在红树林里闻过的草木芬芳，我记得我在红树林里听到的大海歌唱。

假如你在某年某月的某天到柬埔寨旅行，那么，你一定不能错过，不能错过——这醉人的红树林！

红树林为暹罗湾海岸，为柬埔寨人的现代生活增添了浪漫、迷人的异彩。

第六章　村庄和湖水的叙述

在雨将停未停时，田野升起一些水雾，鸟儿悦耳地歌唱着，农民便循着鸟儿的唧唧喳喳与小雨的滴滴答答，到田野去精耕细作雨季稻了。

田野叙事曲

和平的乡居岁月

柬埔寨人在一年一度的农耕开始之前，首先要过一个有意思的、充满庆贺气氛的节日——御耕节。御耕节对柬埔寨人来说是一个带有沉思与喜悦的狂欢之节。他们以宗教般的热情对待这个节日，一如他们以宗教般的热情对待土地，对待农业生产那样。

御耕节期间雨季来临，意味着一年农耕的开始。这时大雨小雨不断，农民欢天喜地，看国王率先扶犁耕种，说明农业在柬埔寨地位的重要，农业是国家的经济基础和命脉。在雨将停未停时，田野升起一些水雾，鸟儿悦耳地歌唱着，农民便循着鸟儿的唧唧喳喳与小雨的滴滴答答，到田野去精耕细作雨季稻了。耕田，耙地，播种，各种景象在田野里纵横交错，处处显得秩序井然、充满生机。许多小孩从学校放学回来，匆匆抓几口饭吃，也到悦人的田里参与具有生存意义的耕耘。愉快的笑声，不时划破田野的宁静。

柬埔寨是农业国，农业是柬埔寨的第一支柱产业，是整个国家

耕天耙地的声音，不时划过田野

夕阳晚唱

国民经济的基础。因而，农业生产对柬埔寨有着举足轻重的意义。人们离不开希望的田野，希望的田野是粮食和各种经济作物生长的沃土，是柬埔寨人生存、生活的根基。有种植才有丰收，有丰收才有欢乐和安逸，这是自然的法则，也是人类的生存法则。目前，在柬埔寨深沉、温和的可耕地面积中，大约有84%的土地用于粮食种植。柬埔寨的粮食种植具有明显的热带气候特征和稻作文化的特征。其粮食种植分主粮和杂粮两种。主粮有水稻、旱稻和浮稻等；杂粮有玉米、豆类、木薯和甘薯等。稻谷作为柬埔寨最主要的粮食作物，其产值占全国农业产值的80%以上。20世纪60年代，柬埔寨曾是亚洲一个著名的大米生产和出口国。

在柬埔寨，水稻的生长总是充满活力。我这样说是因为我的证据确凿无疑：柬埔寨的水稻一年可以二至三熟。若按季节耕耘，人们还可以选择种雨季稻还是旱季稻。雨季稻占柬埔寨全国水稻种植面积的85%左右，

村边的农舍，云卷云舒

旱季稻占15%。土地肥美的湄公河流域与风光宜人的洞里萨湖沿岸的波罗勉、马德望、茶胶、磅湛、暹粒、干丹、菩萨和柴桢等省为著名产稻区，同时也是经济作物橡胶、胡椒、糖棕、烟草、麻类、棉花等的种植区。这里土地肥沃、精力旺盛、尽如人意，气候适合于各种植物的生长。游目纵览，上述几个省份种植的稻谷产量占全国产量的70%。一年二熟或三熟的稻子，把柬埔寨田野、乡村的本色调和得五彩斑斓。一会是碧绿的，一会是金黄的，一会又是碧绿的，一会又是金黄的了。这种宜人的色彩变换，给1993年《巴黎和平协定》签署后才真正走上和平、独立、中立发展道路的柬埔寨注入了生机。农民忘记了他们暂时的贫穷，笑脸光彩照人。收获时他们团结协作，互相帮忙把稻子从阳光灿烂的田里收割回来，运到屋顶上晾晒。当外地游人有意无

意经过他们简陋的农舍时，开朗、好客的他们总是热情洋溢地邀请你，走进去和他们一起享用代代相传的柬埔寨午餐或晚餐。或者，品尝他们刚刚摘下的热带水果。如果你和你的朋友高兴地吃了，最好能给他们钱，因为柬埔寨农民的生活来源暂时还不充足。

旱稻是柬埔寨的山地作物，大都分布在柬埔寨的东北部和北部省份的山区丘陵地带。这些地带的灌溉系统要求很高，许多农产品不能进行二季播种。山丘纹丝不动，太阳直射下来，农民广种的旱稻虽然生机无限，但目前的产量还是相当有限的。毫无疑问，旱季稻的品种需要改良，以期达到有多少耕耘，就有多少收获的目的。

浮稻是柬埔寨人种在水上的一种水稻，是适者生存的产物。主要种植在湄公河沿岸，以及洞里萨湖洪水泛滥的区域或季节性的淹水区。在这些区域里，同时进入你视线的，还有聪明的柬埔寨人因地制宜建在水边的水上村庄。村庄上的民居大都依靠捕鱼和种植水稻为业，养家糊口。水上的屋子一座与一座挨得很近，屋子的底部由几个紧贴水面的、早有先见之明的橡胶轮胎组成，起到浮起屋子的作用。一座与一座挨得很近的水上屋子连在一起，构成一个个漂浮在水上的村落，实在是湄公河沿岸和洞里萨湖洪水泛滥区域的一道独特风景。

洪水来时，尽管波浪不停地抽打民居的底部，民居还是像浮稻那样，随着水位的上升而升

穿过乡村的马车

迷人的乡村，是休闲和欣赏落日的好去处

高，变成柬埔寨洪水中别有一番惊险的智慧风景，令人感慨万千。稻穗则在水面上随风生长，成熟，四处飘香，最后，以优良的品质进入粮仓，以香、糯的口味进入千家万户。我很迷恋黄昏时分浮稻成熟的模样，自由而又悠闲。只是，这种浮稻生长期长，产量不高，让我为种植者付出的劳动感到心疼。农技师若能对浮稻的品种再度进行改良的话，那么，种植浮稻的柬埔寨人的日子就好过啦。

透过柬埔寨到处晒得火辣辣的土地嗅柬埔寨人的耕种，空气中除四季飘荡的稻香外，还有玉米香香甜甜的气息。那种香香甜甜的气息令人恋恋不忘，特别是在干丹和磅湛两省，玉米的香气能使人沉沉醉去。干丹和磅湛两省也是柬埔寨出口主要粮食资源的地方，玉米则是柬埔寨最重要的杂粮作物，品种有红玉米和白玉米两种。红玉米和白玉米的种植面积与产量在柬埔寨都居各杂粮的首位。收获时节，红玉米与白玉米均匀地构成干丹和磅湛两省的别样风景，从一个村庄到另一个村庄。你的车子穿行其中，很快，你看不见你自己了，你的视界只有处处显示丰收的、一望无际的红玉

小小少年

不一样的车

米、白玉米，白玉米、红玉米……

随心所欲地调整视觉焦点，柬埔寨人的耕耘收获从容不迫。田野富有乐趣、充满希望且值得称颂。就拿其运输工业原料、油料、香料及水果的车辆来说吧，它们满载货物的威风样子，不时从田野乡村的棕榈树下穿过，希望无限。滚滚车轮，将柬埔寨的橡胶、胡椒等产品源源不断地朝出国口岸运去，也将柬埔寨人的祈祷运往远方。

乐趣

柬埔寨种植的工业原料主要有用途广泛的橡胶、棉花、烟草、黄麻和甘蔗等。橡胶是柬埔寨最重要的原始经济作物，长期以来都是柬埔寨最重要的出口商品之一。在你没有看到一望无际的橡胶林以前，橡胶林荡漾起伏的浩瀚你是无法想象的，橡胶林特有的清香你也是无法想象的，种植橡胶者在天明以前到林中割胶收胶的辛苦你更加无法想象。近年来，随着国际市场深不可测的橡胶价格的不断上涨，柬埔寨种植橡胶的面积与产量也在不断地增长。目前，柬埔寨全国拥有橡胶园林10万公顷，年产橡胶5万吨以上。

另外，香料胡椒亦是柬埔寨出口的重要经济作物之一。很久以前，柬埔寨就是世界著名的胡椒出口国，胡椒的收入解决了许多人家的温饱问题，也使许多人家走上了富裕之路。人们对胡椒进行连年不断的种植，合理规划种植面积，曾使胡椒产量逐渐上升。近年来由于各种原因影响，致使胡椒产量有所下降。但目前年产胡椒仍有8000吨左右，主要出口泰国与越南。我

童话般的乡居

柬埔寨美丽而又宁静的原野，仿佛画家笔下流出来的风景

从一个当地农民手中抓过一小把胡椒放到鼻子下嗅嗅，然后放一二颗到嘴巴里嚼嚼。你别说，柬埔寨的胡椒还真是香辣得有点不一般呢。

柬埔寨的草原面积十分宽广，牧草地有63万公顷，好像天然的大牧场。所以，在柬埔寨随处可见的是牛羊成群，骏马奔驰，可爱的大象也有很多。大象在柬埔寨人的生活中是最受珍惜的动物，可供观赏，可作代步工具。就是在金边，也可以常常看见人们骑着大象悠然漫步的奇特景致。柬埔寨的家禽主要有鸡、鸭，既供食用、产蛋，也供出口。

这里的土地肥沃，适合于各种植物的生长

还有，你知道漫步柬埔寨乡村、城镇的快感吗？深入这

些地方去走走看看，有太阳直射的地方，就有椰子树和棕榈树的绿荫与热带水果的清香。过多的水果清香与水果的色泽稍不留意会使你眼目眩晕呢。闲闲地漫步其中，是一件相当愉快的事，常常会有一些意外的收获。香蕉、杨桃、龙眼、番石榴等是在中国常见的，可以不作停留；糖棕、山竹、菠萝蜜、番荔枝和人心果在中国国内不大容易见，可各买一点尝鲜；而直径有30~40厘米，闻着有点儿臭，表皮是带刺鳞片状，里面像大蜂房，果肉像奶油一样甜美至极，一咬之下有许多小黑核，吃完后唇齿留香的榴莲是亚洲人的最爱，你可千万不能错过。榴莲在柬埔寨随处可见，完全可以一饱你的口福。此外，砂糖椰子是柬埔寨特别著名的一种特产，它的浑身是宝。果肉用来食用，树汁用来制作砂糖与造酒。

现在，你知道柬埔寨人在一年一度的农耕开始之前要先过一个有意思的节日——御耕节的道理了吧？柬埔寨是农业国，御耕节对柬埔寨人来说真的是一个带有沉思与喜悦的狂欢之节。因为，他们祈祷希望的田野，他们的田野充满希望。

洞里萨湖——柬埔寨的鱼湖

洞里萨湖，又名大湖、金边湖，柬埔寨语意为“淡水湖”。它既是柬埔寨最大的湖泊，又是东南亚最大的天然淡水湖，同时还是世界上第四大内陆鱼场。因为盛产鱼类，素有“鱼湖”之称。又因为洞里萨湖周围森林茂密和生物丰富的缘故，洞里萨湖同时还是许多濒危鸟类的天堂。柬埔寨国内濒危的鸟——尖嘴秃鹰就生活在洞里萨湖上。每年旱季时节，无以数计的褐头海鸥、鸬鹚、白头鸢和各种翠鸟均会在此云集，很不安静地飞来飞去，仿佛鸟的盛会，统治着洞里萨湖。据可靠资料显示，柬埔寨拥有的鸟类比整个欧洲的鸟类品种都多。而柬埔寨的鸟类又大多集中在洞里萨湖，累计有600多种。旱季末期，各种候鸟还从远方飞来，加入本地鸟类的行

从水上回归陆地的鱼船，披着落日的余晖

洞里萨湖的水上人家，这样生活了数不清的岁月

列，使洞里萨湖成为鸟的天堂，更为洞里萨湖平添了一份人与自然和谐相处的景观。

一开始我以为洞里萨湖仅仅是一个观赏的、面积一般的宁静小湖。当我穿过有些尘土的路面，来到落日余晖洒满湖面的洞里萨湖湖边，望着湖水犹如望着永恒时，我才知道洞里萨湖不是一个"大"字能够形容的。此时湖水的概念我模糊了，时光的概念我也模糊了。

洞里萨湖的景色如此美丽：湖边零星点缀着大致一样可爱的水上村庄，宁静质朴的屋舍；湖上的小屋和湖边的大树小树倒映入水，与一些开着什么花的什么树连成一体，仿佛风景画家笔下流出来的风景；湖上有驾着小划子的男孩女孩，摇着桨在清澈的湖水中游玩，当他们在湖边停下来时，水波轻轻拍打着他们的船舷，有如嬉戏；湖上吹来的风凉爽宜人，带着淡淡的腥味；从水面低飞而过的小鸟与湖边孩子游戏的身影相映成趣，到处都是活力！

在这森林围绕着的洞里萨湖上，湖水碧波粼粼，一望无际，湖面和湖中都燃烧着太阳神秘的火光。火光均匀地洒在湖上，让人感觉比明信片上见到的许多景致还美。

这就是柬埔寨的鱼湖鸟湖啊，船头犁开的白色波浪，有种类繁多的鸟们在追逐。几乎都露着笑脸归来的渔民让我懵了：千百年来，清澈得像镜子一样的洞里萨湖它到底养活了多少人啊。热情的向导告诉我，作为世界上最丰富的淡水鱼产地之一，洞里萨湖养活了柬埔寨一代又一代的渔民。每个季节，洞里萨湖都有数万胸膛结实、体魄健壮、身体健康的渔民在此捕捞。这同样的景象在洞里萨湖重复了一个又一个世纪。清晨，他们驾船出湖捕捞；晚上，他们满载而归。每个年度，他们都创造着这个湖年产鱼量的辉煌。

渔业在柬埔寨的经济中是仅次于粮食、木材与橡胶的第四大产业，其渔业产地主要在内陆区域的洞里萨湖。洞里萨湖每年的12月到次年的3月是最大的鱼获期。此时从湄公河流入的大量鱼群被困在湖里，渔民只要撒网，就有收获。洞里萨湖所产的黑鲤鱼在柬埔寨所有的鱼产中产量最高，杂交鲤鱼次之。

海洋渔业与内陆渔业相比处于次要地位。海洋渔业主要在泰国湾东海岸生产，多产沙丁鱼、金枪鱼、巴士鱼，也产至少有半公斤重的海虾。此外，为柬埔寨人带来丰富水产资源的江河湖泊还有湄公河、洞里萨河等。西南沿海的戈公、磅斯马、云壤等重要渔场，则盛产肥美的鱼虾。目前，柬埔寨出口的水产品跟过去一样，

湖上吹来的风凉爽宜人，带着淡淡的腥味

洞里萨湖的水上人家

水边最漂亮的房子就是水上村落的学校

主要有淡水鱼、海鱼、虾和螃蟹等。

柬埔寨有自己的水产品加工企业，他们把捕捞的鱼加工成鱼干、鱼露、鱼饲料等产品出口。只是由于战争的影响，其加工业的生产规模与生产技术暂时还跟不上形势发展的需要。近年来，虽然已有外商开始在柬埔寨的渔业加工业投资，为柬埔寨的渔业产品更多地打入国际市场提高了竞争能力，但是，柬埔寨渔业产品的加工，要走上更宽广的发展之路还需要大量的外来资金。据我所知，柬埔寨的人民是热烈欢迎外商前往柬埔寨投资的。

在柬埔寨，洞里萨湖除了在渔业中给渔民带来可观的经济收入外，同时还在柬埔寨的经济社会中有着十分重要的地位。它位于柬埔寨的中北部。湖水逶迤通过柬埔寨全长155公里的第二大河——洞里萨河后继续雍容大方地流着，到金边与湄公河汇合，成为湄公河的天然蓄水库。有人将洞里萨河的社会功能比喻为埃及的尼罗河。旱季时湖水收缩，这是每年的12月至次年6月，水位只有1至3米，湖面面积约为2500 平方公里。雨季时湖水暴涨湖面豁然增宽，洞里萨湖也就愈显浩渺壮观之态，重新展示她作为母亲湖丰满

洞里萨湖里接待游客的商船，浪漫而又富有情调

得不可捉摸的神秘模样。这是每年的7月至11月，水位可达10至14米，湖面面积为1万多平方公里。水位最高年份湖面面积曾达到2万多平方公里，令人敬畏。作为湄公河的天然蓄水库，雨季时它大量蓄水，起到分洪作用；旱季时它大量放水，恭顺地保证湄公河下游的灌溉和航行。其流域流过的地方，错落着城市、村庄，其余几乎全是良田。

我沿着洞里萨湖的湖边追随即将沉入湖底的落日，看洞里萨湖养活的一户户人家正在升起炊烟。老人和妇女在湖边清理刚刚打捞回家的肥鱼，大大声的讲话声声入耳。小孩在湖边玩耍，欢乐的追逐将和平成长的喜悦盈盈释放。一群叫不出名的鸟儿在湖上环飞，并不警觉地跟湖上人家平和地生活在一个湖上。它们看见人也不躲避，似乎对湖上人家的声音熟悉极了，想飞的时候飞，想停的时候停，一副自由自在的模样。倦了，就落在湖边水上民居的屋顶上或僻静角落的树枝上栖息，有的则在唧唧喳喳地梳理羽毛。这是没有猎枪的湖啊，鸟们才会飞翔、生活得如此惬意。我很开心，和平的柬埔寨，以及富饶的洞里萨湖，都让我开心极了。我知道柬埔寨人非常珍惜今天来之不易的和平生活，尽管他们今天的生活还不是很富裕，但是，他们脸上的笑容像阳光一样显而易见。一不小心，你的胶卷就会心甘情愿地为他们付出呢。

湖上的居民主要以打鱼为生

如果你有机会光临柬埔寨，那么，与柬埔寨接触了整整两个月的我，自然要劝你把在柬埔寨的一些美好时光放到洞里萨湖去，在美丽的洞里萨湖边走走，看看。你总不能费了那么多的精力，连洞里萨湖都不看就走了。洞里萨湖除了有鱼，有鸟，有美丽的风景外，湖中还有打捞不尽的故事与其他可爱的东西。

洞里萨湖，柬埔寨的鱼湖，鸟湖，柬埔寨的母亲湖。

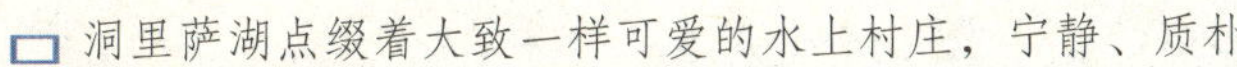

洞里萨湖点缀着大致一样可爱的水上村庄，宁静、质朴

编后语

历时近两年，终于将《东盟十国文化丛书》组稿编撰完毕。这是一个由作家、摄影家和编辑组成的团体不辞辛劳、共同努力的结果。

希望这套丛书能够为加强中国和东盟的文化交流与合作，促进中国—东盟自由贸易区的建设发挥积极作用。假如您打开这套丛书，踏上了东盟文化之旅，然后说，我比以前更多更深更感性地了解了东盟十国，那我们就深感欣慰了。

这是国内第一套从文化角度、以图文并茂的形式介绍东盟十国的丛书，因此，其艰难非比寻常。衷心感谢为之付出智慧和汗水的作家、摄影家、编辑和其他工作人员，衷心感谢参与审稿的广西社会科学院东南亚研究所的专家，衷心感谢为这套丛书提供文字、图片资料的有关单位和个人。

由于任务繁忙、时间紧迫、资料不足和水平有限，丛书存在的错误和不足，恳请得到广大读者的谅解和指正。

唐正柱

2006年9月

后记

本书的出版得到中国图片网、新华社、Readfoto等单位及摄影家的大力支持，在此我们衷心地感谢为本套丛书提供图片的单位和摄影家。

本书图片摄影者、提供者

（以姓氏笔画为序）

王海玲
第27页
第66页（中）
第127页
第128页（下）
第133页（下）
第135页（上）

中国图片网
第17页（上）
第28页（上）
第37页（上）
第40页（中）
第41页（上、下）
第42页（下）
第43页
第45页
第46页（中、下）
第47页
第52页
第53页
第55页（上）
第60页（下）
第68页（下）
第69页（上）
第71页
第132页（下左、右）
第133页（上）

李　峻
第3页（上）
第49页（下）
第50页（中）
第51页
第60页（中）
第88页（下）
第100页（下下）
第141页（下）

李文超
第19页
第21页（上左）
第26页（下）
第58页（中）
第103页（上）

杨　飞
第5页
第7页
第16页
第17页（下）
第21页（上右、中）
第28页（中）
第50页（上）
第61页（上）
第62页（下左）
第63页（上、中）
第97页（上）
第98页（中）
第99页（下）
第101页（下）
第102页（下）
第107页（中左、右）
第113页（上）

杨奉达
第18页（中）
第22页（下）
第25页（上）
第34页（下）
第54页
第74页（下）
第104页（上）
第108页（中）
第116页（上、下）
第117页
第118页（左、中、右）
第119页（上）
第120页（中）
第121页（上、下）

张文昕
第6页(中)
第9页（下）
第12页（下）
第14页（上）
第20页
第32页（中）
第62页（下右）
第64页（上）
第65页（下）
第67页
第76页（中）
第88页（中）
第128页（上）
第129页（上）
第130页（上）
第131页（中）
第134页

黄　平
环衬
第3页(下)
第4页(上)
第6页(下)
第8页(上）
第9页（上）
第10页（下）
第12页（上）
第13页（下）
第25页（下）
第26页（中）
第29页
第48页（中）
第49页（上）

图书在版编目（CIP）数据

柬埔寨·金边耀眼的地方 / 刘美凤著. — 南宁：广西民族出版社，2006.10（2012.12重印）

（东盟十国文化丛书 / 沈北海主编）

ISBN 978-7-5363-5203-2

I. 柬… II. 刘… III. 文化史－柬埔寨
IV. K335.03

中国版本图书馆CIP数据核字（2006）第118118号

东盟十国文化丛书

JIANPUZHAI · JINBIAN YAOYAN DE DIFANG

柬埔寨·金边耀眼的地方

主　　编：沈北海
副 主 编：崔智友
执行主编：唐正柱
著　　者：刘美凤
出 版 人：韦家武
终　　审：方　铁　朱俊杰
总 策 划：韦家武
策　　划：方　铁　周克依
文字总编辑：黄启洲　隆海人
美术总编辑：朱俊杰
特约编辑：严风华
英文翻译：黄忠电
责任编辑：黄　莹
美术编辑：黄　莹
装帧设计：田其斌
制　　作：佳来美来
责任校对：苏兰清　陆玉莲
责任印制：蓝　锋
出版发行：广西民族出版社
地址：南宁市桂春路3号　邮政编码：530028
发行电话：（0771）5523216　5523226　传　真：（0771）5523246
E-mail：CR@gxmzbook.cn
印　　刷：广西民族语文印刷厂
规　　格：787 mm × 960 mm　1/16
印　　张：10
字　　数：180千
版　　次：2006年10月第1版
印　　次：2012年12月第2次印刷
书　　号：ISBN 978-7-5363-5203-2
定　　价：36.00元